名师名校名校长

凝聚名师共识
固定名师关怀
打造名师品牌
培育名师群体

程明远题

"练评讲"教学法

龙海平 编著

西安出版社

图书在版编目（CIP）数据

"练评讲"教学法 / 龙海平编著. —— 西安：西安
出版社，2024.3

ISBN 978-7-5541-7468-5

Ⅰ.①练… Ⅱ.①龙… Ⅲ.①教学法－研究 Ⅳ.
①G424.1

中国国家版本馆CIP数据核字（2024）第063146号

"练评讲"教学法

LIAN PING JIANG JIAOXUEFA

出版发行：西安出版社

社　　址：西安市曲江新区雁南五路 1868 号影视演艺大厦 11 层

电　　话：（029）85264440

邮政编码：710061

印　　刷：北京政采印刷服务有限公司

开　　本：787mm×1092mm　1 / 16

印　　张：14.25

字　　数：223千字

版　　次：2024 年 3 月第 1 版

印　　次：2024 年 5 月第 1 次印刷

书　　号：ISBN 978-7-5541-7468-5

定　　价：58.00 元

目录

第一章　教学研究

"'练评讲'教学法行动研究"研究报告 / 龙海平 …………… 2

"中难度题型搭台训练教学研究"结题报告 / 龙海平 …………… 20

办学,提高教学质量只是一个起点 / 龙海平 …………… 25

当人人力做最好的自己,学校就是奇迹发生的地方 / 黄臻 …………… 28

第二章　管理变革

从建立新型集体备课制度开始 / 蔡泽林 …………… 36

改革,让教学管理和评价制度发生改变 / 唐慧莲 …………… 39

全民班干是分组助教管理的重要内涵 / 黄明 …………… 42

每个年级组都会高度重视学生助教协会建设 / 吴美桂 …………… 44

让学生乐于当干部需要营造良好的氛围 / 朱霖 …………… 47

"练评讲"教学改革前提下的班级生活 / 张志美 …………… 49

学生自己组织课堂评价与考试 / 周丹琳 …………… 51

学生会是铸就领袖气质的舞台,需要一届强过一届地衔接 / 周婧 …………… 53

运用班级分组助教管理模式,把学生推向前台 / 周淑燕 …………… 55

学科类班会课小组轮值机制、流程、效果 / 曹晓霓 …………… 58

班级分组助教管理,学生多了许多成长的机会 / 廖东兰 …………… 61

"练评讲"教学模式下的助教小组建设与助教培养 / 麦绮文 …………… 64

总结提升,深化改革,走出一条公立学校特色办学之路 / 赵银生 …………… 68

第三章　教改心得

语文课："练评讲"教学载着成绩与挑战远航 / 刘伟华 ……………… 72

运用班级分组助教管理模式，推进教学创新 / 唐耀和 …………… 75

"练评讲"教学模式在英语课堂的运用 / 刘健 ………………… 78

加固结合点，提高"练评讲"教学法的操作实效 / 彭晓凤 …………… 81

思想品德课："练评讲"教学法破解教学难题 / 彭锦莲 ………… 84

历史助教，从课堂中来到生活中去 / 徐朝阳 ………………… 87

"练评讲"教学法在音乐教学中的运用 / 钟福英 ………………… 90

体育课如何运用班级分组助教管理模式 / 陈兆宁 ………………… 93

美术课教学："练评讲"教学法带来了便利与快乐 / 张建辉 ……… 97

"练评讲"教学实践中应避免的几种失误 / 许晓 ………………… 99

紧跟课改步伐走科研兴校之路 / 谢绍熺 …………… 103

第四章　教学案例

七年级语文上册"紫藤萝瀑布"课堂实录 / 朱红妹 ………… 106

北师大版九年级数学"利用三角函数测高"课堂实录 / 钱常瑜 ……… 113

外研版七年级英语 Module 10 Unit 1 Are you getting ready for Spring Festival?

　　课堂实录 / 余凯盈 ……………………… 116

八年级物理下册第十一章第 1 节"功"课堂实录 / 梁金荣 ………… 124

人教版九年级化学课"质量守恒定律"课堂实录 / 彭洪涛 ………… 131

人教版七年级生物下册"流动的组织——血液"课堂实录 / 吴奶珠 … 137

部编版九年级道德与法治"开放互动的世界"课堂实录 / 卢菊英 …… 142

七年级上册"东晋南朝时期江南地区的开发"课堂实录 / 林奕鋈 …… 149

湘教版七年级地理课"埃及"课堂实录 / 林成就 …………… 153

粤高教版八年级信息科技"让星星动起来——逐帧动画的制作"课堂

　　实录 / 许家媚 ……………………… 160

第五章　教改推广

借得春风来，催成雏花开 / 龙海平　薛晓燕 …………………… 166

让学生跑在教师前面，做最好的自己 / 龙海平 …………………… 169

"练评讲"教育成就全国课改名校 / 龙海平 ………………………… 172

"练评讲"教改激发师生成长内驱力 / 龙海平 …………………… 174

"练评讲"教育模式的建构性推行策略 / 龙海平　俞秋雯 ………… 179

附 录 ……………………………………………………………… 185

第一章

教学研究

"'练评讲'教学法行动研究"研究报告

广东省佛山市南海区桂城街道桂江第二初级中学　龙海平

经济全球化带来文化多元融合。文化的多元融合，促使人才成长方式多元化。建立在农业文明基础上的"老师讲—学生练—老师评"的教学方法，即学生跟着教师走的课堂教学方式显然因难以满足工业文明、后工业文明时代人才培养的需要而受到前所未有的挑战。

课堂是课程改革的主阵地，教师怎样教，学生怎样学，课堂怎样管，学校怎样育人，教法、学法、管法与育法，这一系列的关系需要处理好。因此，对教学法进行改革创新是现代课程改革的迫切需要，也是教学现代化必须探究的问题。

如今，在教育改革浪潮推动下，我们能否变换一下角度，让学生走到教师前面，去做学习的主人？能否冲破传统教学法的固有思维，将教法、学法、管法与育法融为一体？针对这些问题，笔者提出了"练评讲"教学法，该教学法先后在佛山市南海区桂城街道石肯初级中学（以下简称"石肯中学"）（农村学校）、佛山市南海区桂城街道桂江第一初级中学（以下简称"桂江一中"）（城市学校）和佛山市南海区桂城街道平洲第三初级中学（以下简称"平洲三中"，2017年更名为佛山市南海区桂城街道映月中学，以下简称"映月中学"）（半农村半城市学校）、佛山市南海区桂城街道桂江第二初级中学（以下简称"桂江二中"）（城市学校）实践，历时19年，取得了突出的成效，现总结如下。

一、主要概念的界定

什么是"练评讲"教学法？所谓"练评讲"教学法就是以学生先练、助教点评、教师后讲、小组竞赛为主要特征，以班级分组助教管理为依托的教与学相结合的教学方法。它表现为两种操作模式的有机结合，即"练评讲"教学模式和班级分组助教管理模式的有机结合。

什么是"练评讲"教学模式？所谓"练评讲"教学模式就是"练评讲"教学法的课堂教学操作模式，它的基本流程为"学生练—助教评—教师讲—小组赛"，简称"练评讲"教学模式或"练评讲赛"教学模式。

什么是练，谁练？练指学生的练习活动，包括笔练、口练、身练等。在本书中主要指学生主动进行的必要的笔练、口练、身练活动。我们主张把练习分为三个层次，即尝试练习、巩固练习、拓展练习。

什么是评，谁评？评包括评价、评比、点评等，在本书中主要指学生助教点评。

什么是讲，谁讲？讲指讲授、讲解等，在本书中主要指教师讲授。

什么是赛，谁赛？赛指比赛，在本书中主要指学生在小组之间围绕某一项或多项内容，通过量化计分的方式开展评比活动。

什么是学生助教？所谓"学生助教"，简单说就是愿意当教师助手和同学帮手的学生，即"小教师"。学生助教既帮助教师主持课堂的一个或者多个环节，又帮助同学进行"一对一"的辅导。学校为"小教师"建立了一个协会，叫作学生助教协会，该协会的宗旨是：助教他人，快乐自己。学校秉持学生人人都是助教的理念，搭建平台让每个学生都成为优秀的助教。

什么是班级分组助教管理模式？为了更好地发挥学生助教的作用，充分调动学生助教的能动作用，我们把每个班级分为五到七个助教小组（学习小组），每个助教小组设正助教一人，副助教多人。班级以助教小组为单位开展各项评比和竞赛，包括课堂学习表现评比、轮流值日、轮流主持班会课等。这种以助教小组为单位的班级管理机制，我们称之为班级分组助教管理模式。这种模式遵循"分组优—干部优—管理优—评价优"的建构流程，从而形成一个严密的管理系统。实际上学校把一个教学班当作五到七个班来看待，学生实现自主管理，班主任从"教练员"转变为"裁判员"。

二、策略、目标与过程

（一）研究的策略和目标

（1）建立以命题、审题、用题为中心的新型集体备课制度。准备好每节课的课堂练习，为让学生能够更系统地练习打好基础。与此同时，实施教师分组评价制度，学校不评价教师个人，只评价备课组和年级组，强化团队合作。

（2）建立"学生练—助教评—教师讲—小组赛"的"练评讲"教学法的课堂操作模式，即练评讲教学模式。明确练得好，评得好，讲得好，赛得好的好课标准，强化学生的自主、探究、合作学习体验，从学生的真实体验出发强化教学效果。

（3）建立班级分组助教管理模式，明确分组优、评价优、干部优、管理优的好班标准，全面开展小组竞赛活动，从班级管理创新出发提高教学质量。

（4）通过"练评讲"教学法行动研究，建立务实进取的教师文化，自信自强的学生文化，舒心和谐的管理文化。

（5）通过教学改革实践探索，建立既适应教育改革发展需要又便于推广的实施素质教育的方式和方法。

（二）研究的主要过程

"练评讲"教学法行动研究，包括如下的四个阶段：

第一阶段，初步成型阶段（2005年9月—2007年9月），在石肯中学，尝试推行"练评讲"教学模式。

第二阶段，成熟阶段（2007年9月—2012年8月），在桂江一中深入推进练评讲教学模式和班级分组助教管理模式相结合的研究，建立好课标准和好班标准，创新学校管理文化，全面推行"练评讲"教学法，总结研究成果，提炼阶段性研究成果。

第三阶段，推广阶段（2012年9月—2020年9月），在平洲三中（2017年更名为映月中学），推进"练评讲"教学法研究，形成快速推广机制。

第四阶段，拓展研究阶段（2020年9月—2023年9月），在桂江二中，尝试建立"同组异质"和"同组同质"相结合的分组助教管理机制。让同一个班级的不同学生都得到更好的发展。

三、理论依据

（一）学习金字塔理论

美国学者爱德加·戴尔1946年提出学习金字塔理论（Learning Pyramid）。后来美国缅因州的美国国家训练实验室用数字形式形象显示了采用不同的学习方式，学习者在两周以后还能记住内容（平均学习保持率）的多少。比较直观地呈现了这一学习理论（图1-1）。

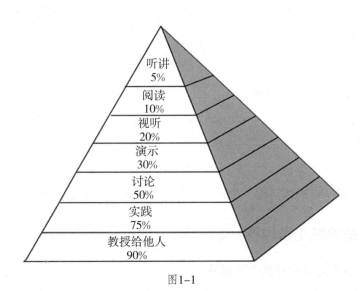

图1-1

第一种学习方式是"听讲"，也就是教师在上面说，学生在下面听，这是我们较为熟悉、常用的教学方式，该教学方式的学习效果是最差的，学习者两周以后记住的内容只能留下5%。

最后一种在金字塔基座位置的学习方式，是"教授给他人"，通过此方式学习者在两周后仍可以记住90%的学习内容。

爱德加·戴尔提出，学习效果在30%以下的几种传统方式，都是个人学习或被动学习；而学习效果在50%以上的，都是团队学习、主动学习和参与式学习。

"练评讲"教学法以"学生练—助教评—教师讲—小组赛"为基本流程，

整个程序突出体现学生的主动学习和团队学习的特点，而人人都是助教的理念进一步强化了当"小老师"这一学习方式的积极作用。

（二）自我决定理论

自我决定理论（Self-Determination）认为，人的行为按照目的或动机的不同而表现不同。由于目的或动机的不同，人的行为表现出是自我决定的或是受控制的。自我决定的行为具有自主的调控过程，而受控制的行为则表现出依从或对抗。

自我决定理论强调人有三种基本心理需要：胜任、关系和谐和自主。如果人的这三种基本心理需要得到满足，那么人就会获得更好的成就和发展。"练评讲"教学法中的班级分组助教管理为学生的能力、关系和自主需求的满足提供了保障。

（三）建构主义学习理论

建构主义学习理论（Constructivism Learning Theory）告诉我们，儿童学习能力的获得是在一定的外部环境影响下自主建构的过程。也就是说，学生学习能力的获得是有条件的，他需要学校和教师为其提供适切的外部环境，"练评讲"教学法倡导的同伴互助、合作学习等毫无疑问都是良好的外部条件。

四、成果的主要内容

（一）首创班级分组助教管理模式

班级内分学习小组、分层教学等早已有之。但让学生当助教，让助教上讲台，进而登上班级管理的平台和学校管理的舞台，并且将这一过程制度化、常规化，这无疑是一种管理制度创新。实施班级分组助教管理的学校从小组到班级再到学校都有完善的学生助教协会，学校各学科也有助教协会分会，如慈善分会、艺术分会等。将班级分组助教管理模式运用于学生宿舍管理和饭堂管理同样取得了明显的成效。例如，在宿舍管理方面，每个宿舍分为2个小组，由正副助教管理，并在宿舍2个小组间开展竞赛。从而使得就寝的纪律好，宿舍卫生好，内务整理规范整洁。又如，在饭堂管理方面，每张饭桌都有正副助教管理，使得学生能够文明用餐，相互监督，大大减轻了饭堂员工的负担。

（二）首创"练评讲"教学模式

本教学模式为笔者独创。查阅有关文献，有"讲练评"教学模式（有的也称某某教学法，实际上是一种教学模式）或者与讲练评相关联的教学模式。我们姑且将它们归纳为"讲练评"教学模式，便于同笔者所创造的"练评讲"教学模式作比较。

1."练评讲"教学模式与"讲练评"教学模式的相似之处

以下教学模式与"练评讲"教学模式有一些相似点。例如，用于职业技术专业的"讲、练、评"教学模式；用于初中数学的"预、复、讲、练、评"教学模式；用于初中计算机的"演、讲、练、评"教学模式；用于初中地理"学、讲、练、评"教学模式；用于中学美术的"赏、试、讲、练、评"教学模式；用于中学政治的"导、读、议、讲、练、评"教学模式；等等。这些教学模式都有"讲、练、评"3个字，操作上都有讲、练、评3个环节。

2."练评讲"教学模式与"讲练评"教学模式的区别之处

（1）各环节的先后顺序不同。前者突出学生先练先评，教师后评后讲；后者突出教师先讲后评，中间环节是学生练。

（2）指导思想不同。两者之间表面上是各环节的顺序不同，实质上是存在教育思想、教学原则的区别。前者以学生的学为中心，后者以教师的教为中心。这是"练评讲"教学模式与"讲练评"教学模式最根本的区别。教师先讲，学生再练，教师点评是一种普遍的课堂教学过程。但是"练评讲"教学模式主张学生先练，学生助教先评，教师基于学生的问题后讲的做法，无疑是对于司空见惯教学行为的大胆挑战。

（3）实施的前提条件不同。"练评讲"教学模式的实施必须满足3个前提条件：一是教师必须精心设计每节课的练习题（或练习项目），便于学生通过练习自己发现问题、解决问题，并体验到发现问题、解决问题的快乐。二是要以班级分组助教管理模式为基础，班级有分组，学科有助教，小组有帮扶，从而便于开展小组竞赛。三是要有评价标准（我们称为好课标准和好班标准），便于学生积极参与和有序参与。"练评讲"教学模式若缺乏必要的教师管理和班级管理基础，则难于推行，而"讲练评"教学模式则无须附加上述特殊的管理条件。

（4）实施的范围不同。首先，在"练评讲"与"讲练评"教学模式的相似之处，我们可以看到，上述"讲练评"教学模式均为单学科的教学模式，而"练评讲"教学模式适用于初中所有学科；其次，学校全体师生都参与"练评讲"教学模式的实践；最后，"练评讲"教学模式不仅适用于班级课堂教学，它同班级分组助教管理模式相结合以后，还适用于班级日常管理乃至全校学生日常行为规范管理（包括宿舍管理）以及学校教师管理。

（三）首创"练评讲"教学法

"练评讲"教学法由两个部分组成，一是班级分组助教管理模式，这是依托；二是"练评讲"教学模式，这是特征。也就是说，"练评讲"教学法已经不是传统意义上的教学法了，它不仅考虑教师怎么教和学生怎么学的问题，而且把学校怎么管的问题一并考虑进去了。它将学校教学管理和德育管理有机地结合在一起，破解了长期以来教学管理与德育管理各行其是的困局。让教书育人与管理育人功能充分融合。从这个意义上讲，"练评讲"教学法是一种具有现代教育特征的教学法。这种特征表现在以下几个方面。

1. 它是一种以德育为先导的教学法

传统教学法无论是在理论层面还是在实践层面都很少涉及学校德育管理这一至关重要的问题。事实上，对任何一所学校来说"育人"都是第一位的，这是不用争辩的问题。而德育管理方式、班级管理方法是"育人"的首要问题。从这个意义上讲，离开班级管理来谈论教师的教和学生的学是一种本末倒置的做法，其效果必然大打折扣。"练评讲"教学法强调德育为先，强调班级管理，从而能够提高教学实效。

2. 它是一种以"会练"为核心的教学法

学校的发展必然要与经济社会发展的要求相适应。不同背景的学校面对的问题不一样，所采取的适应经济社会发展的方式和策略也会有所差异。同时，在不同的时期，学校承担的任务也不一样，其表现为学校的教育教学方式、方法的侧重点会随着经济社会的发展而不断变化。总体上看，在农业经济时代，知识的传承很重要，教师怎么"教"受到更多的关注，学校的教育方式以"会教"为中心；工业经济时代，新知识的学习很重要，学生怎么"学"受到更多的关注，学校的教育方式以"会学"为中心；知识经济时代，知识的创新很重要，学生怎样获得实践能力和创新精神受到更多的关注，学校的教育教学方式、方法必然向以"会练"为中心转变。

"会练"的实质就是"会实践""会体验""会行动"。学校的教育实践活动与经济社会实践活动是有区别的，如果说经济社会实践活动是人们参与社会生活的真实反映，那么学校的教育实践活动更多的是一种前置性的实践活动，即立足于"会"的实践活动。从这个意义上讲，"练评讲"教学法是一个由教师"会教"向学生"会学"再向教师指导学生"会练"转变的教学法，它的建立必然为人们打开以"会练"为核心的教育发展的一扇窗，让更多的人清晰地窥探到现代学校教育的真谛所在。

3. 它是具有自主学习、探究学习、合作学习三位一体导向功能的教学法

从"练评讲"教学法中课堂"练"的环节来看，教师未讲之前，学生先做练习题，这是对学生超前学习的潜在引导，引导学生将自主学习的时间前置，对学生自主学习的空间进行了拓展。这样就把学生的自主学习与探究学习有机结合起来了。从"练评讲"教学法中"评"和"赛"的环节来看，学生做练习题之后，学生助教组织大家互评和小组竞赛。这又把学生的探究学习和合作学习结合起来了。可见，"练评讲"教学法具有自主学习、探究学习、合作学习三位一体的行为导向功能。从"练评讲"教学法中小组结对帮扶机制来看，结对帮扶活动不仅在课内进行，也在课外进行，不仅在校内进行，也在校外进行。这样一来，自主学习、探究学习、合作学习三位一体的行为导向功能在课外和校外也发挥了积极的作用。我们的许多学生在寒暑假喜欢以小组的方式相互督促超前学习下学期的内容。这是对"练评讲"教学法积极作用的最好注释。

4. 它是遵循双主体互动原则的教学法

从"练评讲"教学法的课堂教学操作流程可以看出，学生要操作的是"练""评""赛"3个环节，教师要操作的是"讲"的环节。这样一来，学生就成为课堂学习活动的主体，教师则成为课堂教授活动的主体。连结这两个主体的是学生、教师各司其职（自动）和相互协作（互动）的过程。学生"自动"的过程（主要体现在"练""评""赛"的环节中）就是课前和课中的自主、探究、合作学习的过程。这个过程基本上可以消化掉新知识的30%～50%的内容，有时甚至达到60%。教师"自动"的过程（主要体现在课前"命题"和课中"讲"的环节中）就是师师互助、学生帮助，促进"精讲"的过程。而师生互动的过程，实际上只需要解决余下的内容。这样的机制完全符合新教改教材编写的原则和意图，也符合双主体互动的教学原则，从而成为高效课堂的机制保障。

5. 它是与创新型育人方式相匹配的教学法

观念更新引发教学模式创新，教学模式的创新助推人才培养模式的创新。经过多年的实践，与"练评讲"教学法相适应的"练评讲"育人模式也逐渐成形。所谓的"练评讲"育人模式就是建立在"练评讲"教学模式基础上以"自主实践—同伴互助—名师指引—合作争先"为主要特征的人才培养机制。它包括以下要素：

自主实践——"练"的机制。任何人才的成长都离不开自主实践的过程，它应该成为学校育人模式的第一要素。

同伴互助——"评"的机制。"独学而无友，则孤陋而寡闻。"学习是如此，品德修养也是如此。学校应该为学生搭建同伴互助的平台和条件。

名师指引——"讲"的机制。人才的成长离不开好教师的指导。培养学生向教师学习的习惯，向书本学习的习惯，向社会实践学习的习惯，是学校教育的重要任务。

合作争先——"赛"的机制。任何人才的成长都离不开竞争，教会学生用合作的方式去竞争，正确处理竞争与合作的关系是学校教育的正确选择。

"练评讲"育人模式的成功建构是"练评讲"教学法深化研究的又一个新成果。这一模式突出了人才培养的系统性和关键性，直接回答学校怎样培养人的问题，触及了课堂改革的核心。系统性指的就是教学模式和育人模式是对应的，一定的教学模式决定一定的育人模式。关键性指的就是"练评讲"育人模式不仅包含了人才成长需要具备的关键性要素，而且已经成功地将它们有机地组合在一起，有别于灌输式的育人方式。

（四）首创以"练评讲"教学法为纽带的家校合作新方式

在"练评讲"教学法的实施过程中，家长特别关注两个问题：一是自己的孩子是否有机会当助教，二是自己的孩子是否能够主动参与课堂。其实，家长所关心的问题也是学校最关注的问题，这样一来，家庭和学校无意之中形成了共同的关注点。这个时候，学校顺势而为，索性开放班级和课堂，让家长参与听课评课。于是一种以"练评讲"教学法为纽带的家校合作新方式便产生了。家长可以利用听课评课的机会观察孩子的课堂参与情况，及时有效地进行现场指导；教师可以利用家长评课的机会和家长探讨共同关注的问题；学生可以利用家长听课评课的机会接受来自家庭和学校的协同教育。

五、推行的措施与策略

学校要想快速推行"练评讲"教学法就要采取以下措施与策略。

（一）建立好班标准

"练评讲"教学法的课堂教学模式是建立在班级分组助教管理模式的基础上的。为此，学校制订好班标准。明确班级管理要达到"四优"，即"分组优""评价优""干部优""管理优"。

1. 分组优

分组优就是要把每个班的小组人员分配好。学校要求在不抛弃任何一个学生的前提下，实现三个"有利于"：有利于促进每个学生的发展，有利于促进小组的合作与竞争，有利于促进班级的成长。因此，班级分组一定要坚持三个"相结合"的原则：民主与集中相结合的原则，学生自愿与班主任调配相结合的原则，相对稳定与动态调整相结合的原则。

2. 评价优

评价是管理的杠杆。助教小组成立之后，学校建立小组评价和评比制度，明确评分标准，引导助教小组从学习、纪律、卫生等方面开展竞赛活动，引导班级有序有效地发展。

3. 干部优

实施班级分组助教管理之后，学生干部岗位多了许多。每个助教小组都设有一名正助教，若干学科助教，还有若干生活助教等，每个学生都有机会去竞争这些学生干部岗位。为了优化班级管理，提高学生干部的管理水平，学校建立了班级、年级、学校三个层面相结合的培训机制，定期培训学生干部。并且确定以"勤、实、细、恒"为学生干部履职的价值取向开展考评工作。要求每个学生干部做到勤学勤管，实学实管，细学细管，恒学恒管，正确处理管理与学习的关系，实践"铸就领袖气质，磨砺学者风度"的学校育人目标，做一个学习和管理两不误的好学生。

4. 管理优

管理优是一个班级分工合作及有序有效运作的基本保障。衡量一个班级的管理水平是否优秀，关键看两个指标：一看事事是否都有人管，人人是否都有事管；二看管人是否管到位，理事是否理顺畅。

为了有效促进班级建设，学校以班级"四优"为核心，建立了相应的评价机制，由学生助教协会、学生会及年级组对班级建设进行评价和监督。由此，学校不仅实现了班级日常管理学生自主，还实现了班会课学生自主，家长会学生自主。随着学生的自主管理意识不断增强，学生的自主学习意识也得到了强化。"铸就领袖气质，磨砺学者风度"成为学生的共同追求。

（二）建立以"命题、审题、用题"为核心的新型集体备课制度

使用"学生练—助教评—教师讲—小组赛"的"练评讲"教学模式进行教学，需要教师进行教学设计，将教材的重点难点，转化为一个个具体的问题以便于学生在课堂上练习。因此，建立以命题、审题、用题为核心的新型集体备课制度是教学设计的必然要求。我们的教学设计过程遵循了以下原则、步骤和要求。

1. 命题三原则

一是能力层次性的原则：每一份课堂练习题都包括尝试练习、巩固练习、拓展练习三个层次，分别对应识记、理解、运用三个层次的能力要求，这样更有利于激发学生的学习兴趣。二是试题精确性的原则：每一节新课都力求用一个典型的试题落实"知识与技能、过程与方法、情感态度与价值观"的三维目标，突出教学重点，突破教学难点，避免照本宣科、枯燥无味。三是理论联系实际的原则：命题既着眼于联系社会生活实际，又立足于学生的认知水平，充分考虑学生分析问题和解决问题的需要。

2. 审题三步骤

第一步，自己审。教师对照命题原则和要求，命好题后自己检查是否符合要求。第二步，他审。自己检查确定无误后，交给备课组长审查，备课组长要

提出修改意见。第三步，集体审。命题人根据备课组长的意见修改完成后，提交备课组集体审查，集体审查时，命题人不仅要说清楚命题的意图，还要说清楚怎样使用，每个教师都要发表自己的意见和看法，集体对试题和怎样使用都形成共识之后，审题工作才算完成。

3. 用题三要求

一是学生先练，时间有保障。二是助教点评，人员有落实。三是小组竞赛，评分有记录，评比有依据。

（三）建立"好课"标准

在"练评讲"教学法前提下，我们认为，一节好课要具备四个标准，要做到"四好"，即"练得好""评得好""讲得好""赛得好"。

1. 练得好

"练得好"是指学生通过练习过程获得新收获或者新感受的肯定性的自我评价。它涉及练习题设计得好不好、练习的时间够不够、课堂组织得好不好等多方面的因素。课堂上，教师需要及时获取学生自我评价的相关信息，对教学策略、教学进度作适当调整。实际上，学生是学习的主人。练习是学生获得学习技能的重要过程，所以练得好不好成为检验"练评讲"教学法教学效果的最重要的指标。但是，练得好不等于一定要练得对，有时出现错误、遇到挫折也是一种需要，关键看有没有新的收获。

2. 评得好

"评得好"是教师和学生对学科助教评讲试题能力的期望。教师需要利用这个环节对助教进行培训，不断提高他们的评讲能力。助教的培养是一个循序渐进的过程，它贯穿于课堂教学的始终。有些观点认为，学生无论如何也不可能比教师评讲的能力强。实际上，在这个环节中学生不需要具有教师的水平和能力。我们只需要学生负责那些力所能及的事，从中获得成功的体验，并不需要他们完全代替教师的工作。

3. 讲得好

"讲得好"是"练评讲"教学法对教师的基本要求，也是学生对教师课堂表现的期待。学校要求学生从两个方面来评价教师在讲授环节中的表现。一方面是看教师讲得到不到位，能不能满足自己的需要；另一方面是看教师讲授时间占课堂时间多还是少。要求教师讲授要尽量少占用课堂时间，把更多的时间让给学生。如果把课堂比作球场，那么教师就是教练，学生是队员，教练能利用的讲解机会也就是"暂停"的那么一点点时间而已。球场上讲得多的那个人不是教练，是看客或者是现场直播的主持人。所以讲得到位又讲得少是对教师的重要要求，是一节好课必须具备的指标。

4. 赛得好

"赛得好"是对小组成员课堂表现的一种肯定性的评价。在课堂中开展小组竞赛的作用是多方面的，它首先能够满足未成年人好比赛、喜欢热闹的需要；其次能够强化小组合作意识，让学生学会在组内合作，在组外竞争，正确处理合作与竞争的关系；再次能够促进教学目标的实现，让课堂动力更足一些。所以，一堂好课需要开展好小组竞赛，让小组之间赛出风格，赛出水平。赛场是人才成长的摇篮，学生要想成为课堂明星，就得多参与课堂中的各项比赛活动，在比赛中展现团队的风采，在比赛中成就自己的学业。

为了让师生更好地执行好课标准，学校建立了"五有课堂"监督机制，对课堂进行监控。五有课堂指：有练习卷（尝试练习、巩固练习、拓展练习），有学生先练，有助教评点，有教师精讲，有小组竞赛。每一节课，都应有学生根据好课标准进行评价和记录。师生在执行好课标准的过程中，逐步形成了反思的习惯，课堂教学效率在一次又一次的反思中得到提高。

（四）建立"自主实践—同伴互助—名师指引—合作争先"的育人机制

教学改革和教育变革是一个不可分割的整体，教学改革需要以教育机制作保障，教育变革需要教学流程作支撑。好的教学模式不能局限于课堂和班级，应该渗透到学校管理乃至校园生活的方方面面。为了充分发挥"练评讲"教学法的积极作用，学校建立了与之相适应的"自主实践—同伴互助—名师指引—合作争先"的育人机制，也称为"练评讲"育人模式。这个模式让教学与教育形成了合力，为学生"做最好的自己"提供了更加便利的条件。操作"练评讲"育人模式，主要是明确学生、教师和学校的任务和要求，用评价制度对学生、教师和学校各方面的管理进行引导和督促。

1. 学生方面

学校要有相应的制度保障，让学生自主学习，超前学习，结对帮扶，同伴互助。例如，假期里，学校大力倡导学生超前学习，学校提供必要的学习指引，开学后让学生参加学校组织的自主学习测试；课堂上，学校设"五有课堂"评价制度；班级里，学校有结对帮扶小组评价制度；宿舍里，学校有助教小组在监管。学校为学生成立了助教协会，让学生"助教他人，快乐自己"。

2. 教师方面

学校要有相应的制度约束，让教师操作"练评讲"教学模式和班级分组助教管理模式。例如，"五有课堂"评价制度，对教师也能形成约束，目的是让教师把学生推向前台，把自己巧妙地藏在幕后。前台出英才，幕后出高手。这样，教师和学生就能一起成长。

3. 学校方面

学校要建立以小组为单位的评价制度，引导学生和教师正确处理竞争与合作的关系。评价制度要遵循两个原则：一是小组评价和个人评价相结合的原则；二是组内合作与组内竞争相结合的原则。

六、实践的效果

"练评讲"教学法实践给学生、教师、班级和学校成长带来显著的变化。

（一）"练评讲"教学法让教师在服务中体验踏实与快乐

如果说教师的基本职能依然是"传道、授业、解惑"的话，那么今天的教师又该怎样去"传道、授业、解惑"呢？这个问题需要我们回答。换句话说，今天要怎样当一个教师才能更好地履行职责，需要有明确的价值取向。学生通过先"练"、先"评"，向教师发出"诉求"信号，教师根据学生的需要后"讲"，为学生提供帮助。教师明显地在服务于学生。事实上，教师的工作源于学生成长的需要。帮助学生，为学生成长服务是教师应有的价值取向。可以说，我们的课题转变了教师的角色意识，使教师上服务型的课，做服务型的教师成为一种时尚。这种时尚带来教师行为方式的一系列变化。例如，备课以命题为核心，以集体为依托，学校取消了教案检查，写不写教案教师完全能够自主。我们认为，提供一份好的练习题，是"练评讲"教学法得以实施的前提条件，因此教师备课最重要的是要命好题、审好题、用好题。要让每一个教师做到最好，就必须依托集体力量。为此我们建立了集体命题，集体审题，集体探讨如何用题的新型集体备课的制度。这个制度不仅有利于提高命题质量，更有利于教师在合作中成长。我们发现它对业务水平相对较弱的教师和新晋教师的促进作用尤其明显。使得上课依靠学生，让学生做课堂的主人。学生练，助教评，小组赛，学生的事学生做，学生做不了的事教师提供帮助。教师是嘉宾，受大家的尊重；教师是朋友，和大家一起探讨。这样上课，教师少了一份包办代替的苦恼，多了一份悠闲自在的快乐。辅导，走在学生队伍的最后面。评价，只看集体，不看个人。我们建立了与集体备课相适应的教学质量评价制度，以备课组为单位进行评比。个人与备课组荣辱与共，备课组成员之间，一损俱损，一荣俱荣。这样一来，集体必然要帮助个人，个人必然要为集体考虑，和谐之中洋溢着快乐。

（二）"练评讲"教学法让学生在自主中获得自信

学生的成长是教育教学工作的核心。但是学生成长的过程终究是一个在外部环境影响下自主发展的过程。课堂是影响学生成长最重要的环境条件。课堂的质量直接影响学生发展。因此什么样的课堂是好课堂，不仅需要一个标准来衡量，而且需要一种机制来保障。"练评讲"教学法行动研究课题组给出了一堂好课的标准。我们让每个学生都明白，一节好课要做到"4个好"：

一是练得好。"练"指做练习的环节，这是最重要的指标。练习题设计得不好，练习不到位，甚至没有练习环节的课，注定不是一节好课。

二是评得好。"评"指学生和教师的点评环节。"独学而无友，则孤陋而寡闻。"有点评说明有朋友帮助，有朋友帮助才会有进步。

三是讲得好。"讲"指教师讲课、讲解环节。讲得好又讲得少是对教师的重要要求，是一节好课的重要指标。课堂时间是有限的，教师讲的时间多，学生能控制的时间就会少。所以教师讲得多的课，肯定不是好课。

四是赛得好。赛指各种课堂比赛，如小组比赛、男女组比赛等。体育明星在体育竞赛中成长，学生在课堂学习竞赛中成长。所以好课需要适当组织比赛。

有了好课标准，保护机制就容易建立。一方面教师随时可以对照好课标准对班级助教小组提出明确的要求，或者建议学生到其他班级听课学习。因为在好课的4个标准中，有3个与学生的课堂行为有直接关系，课堂不好，责任并不全在教师；另一方面，学生助教协会对每一节课实施评价和反馈，教师不仅可以及时了解本班学生的需求，还可以了解其他班级的课堂教学情况，发现和反思自己的不足。

凭借好课标准和保护机制，学生课堂表现更加出色，一个个助教小组在竞赛中成长，一批又一批优秀学生助教脱颖而出。学生自主学习、自主管理意识不断地得到强化，自信自强成为学生文化的主流。

（三）"练评讲"教学法让家长参与学校教育更加有效

家长参与学校教育的需求，很多时候来自家长对孩子的关心和重视，"练评讲"教学模式让学生先练、助教先评、教师后讲、小组竞赛的做法，为家长近距离了解孩子的课堂表现提供了时间和空间保障，家长无须通过科任教师和班主任的转述就可以非常直观地看到孩子的学习行为表现。而班级分组助教管理模式也为小组之内的家长交流和交往提供了平台，班级小组内的学生交流和交往很容易带动家长之间的交流和交往，而家长之间的交流和交往则可以为孩子建立良好的人际关系提供更多的锻炼机会。

（四）"练评讲"教学法让班级管理从复杂走向简单

班级分组助教管理模式建立起来之后，我们为班级管理确立了"四优"标准：

一是"分组优"。要求合理分组，尊重学生的意愿和选择。

二是"评价优"。强化建立符合班级实际的正向评价机制，切实开展小组帮扶和小组竞赛活动。

三是"干部优"。明确组干、班干、级干、校干的岗位职责，使其严格遵循勤学勤管、实学实管、细学细管、恒学恒管的行为准则，在管理岗位上"铸就领袖气质，磨砺学者风度"。

四是"管理优"。要求做到人人有事管，事事有人管，管人管到位，理事理顺畅。

学生对照标准，以小组为单位进行自主管理和评价。自主管理和评价的范围从最初的课堂学习、课堂卫生、课堂纪律等不断延伸到课外，内容也不断地丰富起来。每天都有小组轮流值日，就连班会课也交给小组轮流主持。班主任不用再为班会课上什么内容而烦恼。这种管理制度让班主任从前台退居幕后，让班级管理从复杂走向简单。有人担心，这种制度似乎只见小组，不见个人，有悖因材施教的原则。我们认为学生管理学生，学生监督学生，学生教育学生的教育方式值得研究。学生自主管理，自我监督，自我教育符合初中学生人格成长的需要。初中阶段不仅是学生生理走向成熟的转折点，也是学生人格成长走向独立的关键时期，他们渴望信任，渴望自主，这个时候把管理的主动权交给他们，这本身就是因材施教。当某个人的行为结果直接影响到小组形象的时候，这个人的行为必然受到小组成员的约束。赞成什么，反对什么，是与非，美与丑的观念自然会在小组成员中得到强化。相互帮助，相互鼓励，共同进步，为集体争光必然成为一种共同的需求。事实上，我们走学生自我教育之路，带来了班风、校风的长足进步。依靠学生，学校的一些大型活动，如校运会、科技节、文化节等管理也变得简单起来。依靠学生，一些比较难于教育的后进生也变得规矩起来。管理走向简单，却带来了不简单的效果。学生的潜力真大，学生真的了不起，学生真的值得我们信赖。

（五）"练评讲"教学法让学校加快了发展的进程

如果一所学校的成长要经历"合格学校""规范化学校""特色学校""品牌学校"四个阶段的话，那么笔者所经历的四所学校基本上都处在规范化向特色化迈进的过渡时期。其间，"练评讲"教学法行动研究加速了学校走向特色学校和品牌学校的进程。石肯中学2006年实现华丽转身，桂江一中2012年成为全国名优学校，映月中学已经成为全国课改名校，桂江二中教学质量跃上新台阶，成为区域教改的"领头雁"。

七、影响与推广

"练评讲"教学法研究经过长达19年的实践，取得了突出成效。深受教师和家长的欢迎。全国各地的教师团慕名而来，各种主流媒体纷纷报道，其中《中国教师报》进行了跟进报道《龙海平：让学生走在教师前面》（2012年），《龙海平和他的"练评讲"教育》（2013年），《从课堂教学到自主教育》（2015年）。

2010年"'练评讲'教学法及班级分组助教管理模式创新"项目，获得广东省中小学教育创新成果三等奖；2013年3月，"'练评讲'教育实践研究"获得第八届广东省普教成果二等奖，并于同年在广东省教育科研会议上展示和交流，成为佛山市南海区教育科研成果首批推广项目。

目前，珠三角的多所学校与"练评讲"教学法研究团队建立长期协作研究机制，如江门市大鳌中学、湛江市下洋中学、珠海市南水中学、珠海市艺术高中、佛山市第三中学（初中部）等。

八、困惑、反思及对策

"练评讲"教学法的探索与实践，促进了教师、学生、学校的跨越式发展，引发了国内外教育工作者的关注。事实上，"练评讲"教学法的推行改变了学生的学习方式和教师的教学方式，形成了教学管理和德育管理的新流程，形成了"自主实践、同伴互助、名师指引、合作争先"的学校育人文化，但是由于笔者自身能力的局限，加上一些客观条件的制约，一些结论可能下得武断。不同类型的、不同阶段的学校如何推行，仍然需要用实践来回答。期待在未来的实践中"练评讲"教学法能够帮助更多教师和学校培养出越来越多的人才。

"中难度题型搭台训练教学研究"结题报告

广东省佛山市南海区桂城街道石肯初级中学　龙海平

一、课题的提出

我国的基础教育改革，特别是基础教育的课程改革，对学校和教师的发展提出了新的要求。中小学教师成为课程教材改革的实践者、研究者，在教育发展中扮演着重要的角色，正如林崇德在《教育与发展：创新人才的心理学整合研究》中所言："教师参加教育科研是新时期教育特点的一种表现。"

中考不仅是选拔人才的一种重要的测评手段，而且具有明确的教学导向功能。我们研究中考命题导向、研究中考各类题型，无疑有利于更好地把握课程改革的精神实质，推进教育改革发展。

中考的难、中、易试题的比例是一个相对固定的值，学生对中、难题普遍存在畏惧心理。开展课题研究，帮助学生解决中、难题，为他们的成长搭建平台、舞台、台阶，使他们找到成功的乐趣，达成高层次教学目标，是每一个教师义不容辞的岗位责任。

二、理论依据

（一）概念界定

"中难度题型"指中考以考查学生理解、运用层次能力目标为主的试题形式。"搭台训练"指教学中为学生提供训练的内容和方法指导以及时间保障。

（二）理论依据

1. 建构主义学习理论

建构主义学习理论认为，儿童学习能力的获得是在一定的外部环境影响下自主建构的过程。也就是说学生学习能力的获得是有条件的，学生需要教师提供必要的外部环境，包括提供训练素材、训练的方法指导，以及提供交流场景和平台等。

2. "能力—技能"说

技能是能力的重要表现方式。见多识广，熟能生巧，是培养技能、提高能力的普遍法则。

三、研究目的和方法

在本研究中，学校力图探索一套能够在短时间内有效提高学生理解运用能力水平的教学策略，打造充满活力的校本教研文化，提高教学质量，促进教师和学校发展。本研究运用行动研究的方法，通过开展行动研究，促使教师成为"反思性实践者"，提高教师的"日常生活"品位。

四、研究过程

（一）课题的启动

1. 成立课题研究小组，确定人员，明确研究纪律和评奖原则

成果评奖原则如下。

（1）实效性原则：以备课组中考学科优秀率为依据，衡量研究实际效果，占分值比例40%。

（2）试题的科学性和研究报告的价值相结合的原则：根据试题质量和有效运用程度，以及研究报告的推广价值等进行量化评分，占分值比例30%。

（3）过程性原则：根据工作态度和承担的责任，评选出优秀研究人员奖，占分值比例30%。

（4）综合评价：根据以上三个原则，进行综合评价，设立一、二、三等奖，颁发奖金和证书。

2. 大力开展教师培训

教师培训包括组织中考试题研究报告会，聘请教研员到学校进行指导，全校性的中考复习课教学研讨活动，以及编制子课题结题指引等多种形式。

（二）课题的实施

1. 主要内容

以"五个研究"的落实为主要内容，以能力训练为核心编好中难度试题。

（1）研究中考试题，强化题型训练。以中考的中难度题型考查的理解、运用层次的能力目标要求为依据，教师针对中难度题型，精心选编训练的内容供学生在课堂内进行训练，引导学生寻找解答中难度题型的规律，克服畏难的心理，找到成功的乐趣。

（2）研究课程标准和考试说明。以中考的知识点中的理解、运用层次的能力目标为依据，教师针对知识点（考点），精心设计中难度试题供学生在课堂内进行训练，引导学生掌握每个考点的要求，做到成竹在胸。

（3）研究学生。了解学生的不足和需要，善于鼓励学生迎难而上，善于在训练中不断强化学生超越自我的意识。

（4）研究教师自己。研究自己对所编试题是否有足够的准备和自信，研究自己与同伴是否进行了有效的分工与协作。

（5）研究教学方法与效果的关系。学校要求限时训练，当堂点评，教师反思自己操作的效果如何，以及思考不留课外作业的条件下，怎样处理讲、练、评的关系才能达到最佳效果。

2. 教学模式

以"练—评—讲"为基本教学模式，用好中难度试题。

坚持以能力训练为课堂教学主线，教师实施启发式教学，充分利用"评"和"讲"的技术为学生"搭台"，帮助学生建构知识体系，减少长期以来课堂教学中教师讲得多、学生练得少的现象，开辟课堂教学的新途径。

3. 主要研究方式

以"计划—实践—反思—再计划—再实践"为主要研究方式，注重研究过程和研究结果的有机结合。

坚持以结果为导向，反思过程设计是否贴近教学的实际需要。坚持利用数据分析找出实践过程中存在的问题，及时调整下一阶段的行动方案，确保研究能够产生良好的效果。

五、研究成果

（1）编制了六个学科《中难度题型搭台训练试题汇编（附答案）》和《中难度考点对应训练试题汇编（附答案）》电子文档和研究报告集，共计40万字，为下一步开展相关课题的研究奠定了基础。

（2）促进了教师的发展，为教师生活注入了活力。从各种渠道反馈的信息看，教师们普遍意识到参加课题研究后自己有了明显的进步，专业成长速度在加快，生命价值在不断提升。

（3）中考成绩获得新的突破。在研究的带动下，学校语文、数学、英语、物理成绩居桂城街道公办类第二、政治第三、化学第四，综合指标名列桂城街道公办类学校第二。荣获2006年度南海区桂城街道办事处"教育先进集体"奖，梁海杰同学成为南海区公办类学校中考"状元"。《珠江时报》对我校的教学业绩作了报道。

六、研究结论

（1）"中难度题型搭台训练教学研究"的开展，能够在短时间内有效提高学生理解、运用能力水平，是初中毕业班有效的教学策略，值得我们今后进一步去总结和探索。

（2）"五个研究"是保证课题实际效果的基本条件，也是毕业班教师需要培养的一种思维习惯。

（3）"练—评—讲"是我们实施"搭台""训练"的教学基本框架，练什么，怎么练，为什么这样练？评什么，怎么评，为什么这样评？讲什么，怎么讲，为什么这样讲？思考清楚这些问题，正确处理好练、评、讲的关系，是有效"搭台"和有效"训练"的前提。

（4）参与校本教育科学研究，对促进教师的发展意义是深远的。因为从课题的研究中教师学会了科学的思维方法，知道"研究"可以解决问题，可以挑战极限，可以创造奇迹。

（5）"计划—实践—反思—再计划—再实践"的行动研究方式更加符合我校的实际需要，可以成为校本研究的一个主要方式。我校规模小，教师少，常规教研活动的氛围先天不足，但如果我们转变思考方式，开展科研活动，每个人都学会用行动研究的方法去解决自己学科教育教学中的困惑，脚踏实地地去探索和总结，那么我们就可以摆脱"小"和"少"的困扰，走出特色之路。

七、对本研究的反思

（1）本研究的开展是在特定的环境下进行的，做到了实践与研究的有机结合。但是由于研究的时间过于仓促，从2006年4月27日开始立项到中考只有一个月的时间。参与的教师是在工作最紧张、最繁忙的情况下完成研究任务的。因此在一定程度上讲，研究成果与教学成绩之间的相关难以判定。

但我常常在想，如果不开展这样的研究，我们可能就出不了4个南海区前300名的尖子生。我们虽然并没有在尖子生培养方面刻意下功夫，但是我们强化中难度题训练，为尖子生成长提供了良好的条件。从这个角度看，我们无形中为尖子生的成长探了路。

（2）有教师认为"中难度题型搭台训练教学研究"只能用在中考的最后复习阶段，不能提前开展，更不能推广于常规教学，否则会导致基础不牢。也有教师认为，该研究在常规教学中也可以推广，但重点要变为研究中度题为主。之所以存在这些疑问，是因为我们的研究尚有许多不足之处。要解答上述疑问，我们必须继续抓紧行动。

［本文于2007年4月获得广东教育学会：广东教育"十五"科研课题成果二等奖，并以《中难度题型搭台训练教学研究》为题发表在《广东教育十五科研课题成果汇编》（中册），2008年版，广东经济出版社，第852-854页。］

办学，提高教学质量只是一个起点

广东省佛山市南海区桂城街道桂江第一初级中学 龙海平

一、学生练得不到位，责任在学校

木桶理论启示我们，最薄弱的地方就是最可以做文章的地方。那么制约教学质量提高的薄弱点在哪里？一般来讲在课堂。在课堂的什么地方？在课堂里学生练得不多，练得不好，练得不到位的地方。学生的练得不到位的问题责任在教师，教师讲得太多，或设计的问题不好。教师的问题责任又在哪里？在学校，学校缺乏有效的课堂操作规范和监督机制。所以学校有必要从课堂教学创新入手，推行"练评讲"教学法。建立让学生先练、先评，教师后讲的课堂操作规范和相应的监督机制。

二、学校改革要面对文化层面的难题

"练评讲"教学法其实比较简单，但是要全校推行真的很艰难。因为其推行要克服来自文化层面的重重阻力。事实上，制度的实施或者新制度的执行，只有上升到文化的层面，促使人们形成了习惯以后，才会真正地发挥作用。出台一项制度很容易，执行一项制度很艰难，特别是要使人们接受并养成自觉的习惯，确实不是一件简单的事。难怪很多改革方案出现执行难，有的折腾一圈，又回到了起点，如某些地方的课堂改革、考试改革、学校教学评价改革等。可以这样说，凡是深层次的改革都毫无例外地会遇到文化层面的难题。"练评讲"教学改革无法回避文化层面的难题，我们每走一步都不容易。比如，有便利的各科同步练习题不用，非要教师自己出题，没有几个人理解，理解的人也未必愿意去做；课堂上讲都不讲就让学生去做，教师不放心，放心的也不一定愿意让学生如此折腾课堂宝贵的时间；学生助教帮助收作业还可以，但是要让他们这些完全没有教师资格的小孩代替教师评讲题目，没有几个教师会相信他们能够讲得明白。相信的，也不会轻易放手让学生干，因为学生现在无论如何都不可能胜过他们的教师。呜呼！这些问题不解决，"练评讲"教学法就不会产生作用，相应的教学改革也只能在原地踏步。

三、破解难题，我们从最不该动手的地方动手

改革实质上是对文化习惯的修改和完善。对改革而言，选择什么样的切入点很关键。我们学校做课题研究有一个习惯，那就是先拿初三做实验，然后再在全校推广。"练评讲"教学法的推行就是从毕业班开始的。之所以选初三，是因为初三教师整体素质好，容易理解课题组的意图。在行动中研究，在研究中行动。我们常常在谈论，如果一个以提高教学质量为目标的课题不敢面对中考的挑战，那么这样的课题不做也罢。事实证明，这样做是有道理的。当然，任何改革都会有风险。我们的"练评讲"教学法还处在初步实施的阶段，风险大，困难多，我们需要帮助。

四、办学，提高教学质量只是一个起点

我们推行"练评讲"教学法的目的在于提高教学质量，提高教学质量的目的在于提高办学质量，提高办学质量的目的在于满足人民群众的文化教育需要。可见，提高教学质量只是一个起点。尽管我们在中考和学科竞赛等方面取得了非常突出的成绩，但是这些成绩不是我们的最终目标，所以请不要单纯用中考和学科竞赛这些教学层面上的指标来考量我们所做的工作。学校是公益事业，服务行业。提高办学质量，办好人民满意的教育是学校义不容辞的责任。学校不能把起点当成终点。

一所学校办得好不好，关键看办学质量高不高。而衡量一所学校的办学质量高低，关键看三个因素：一是看学校有没有自己的办学特色，包括培养目标如何、实施策略效果怎样等。二看学校品质高低，包括服务档次、教学质量、管理水平、学生满意度、社会认同度等。三看学校特色和品质总和所产生的吸

引力大小。我们做课题，搞改革，就是希望提高桂江一中的办学质量。尽管我们取得了一定的成绩，但是距离高质量的办学目标还有很长的路要走。今后，我们将借助教学改革的机会，在办学特色打造和办学品质升华上下功夫，不断增强学校的吸引力，办政府放心、人民满意的教育。

（本文发表在《佛山教育》2010年第3期）

当人人力做最好的自己，学校就是奇迹发生的地方

——访佛山市南海区平洲三中校领导有感

中国科学院心理研究所　黄臻

一、逆袭奇迹

平洲三中创造了奇迹，迅速从全区倒数第一变成全区正数第一的初级中学。金秋十月，我经过魏向东教授介绍，拜访了龙海平校长和刘兰芳副校长，向他们请教了该校传奇背后的"秘诀"，感到十分震撼。

平洲三中位于广东省佛山市南海区，其教学成绩曾长期在区域内排名倒数第一，是名副其实的薄弱学校。2012年龙海平校长接手这所学校，着手谋划学校的发展，实施"练评讲"教育改革，不到三年时间，该所学校就实现了华丽转身。2012年9月至2015年7月，该校学生连续三年参加南海区教学绿色评价，学生的思想品德、身心发展、学业水平、兴趣特长、学业负担等各项测评指标均位居于南海区最高水平。可见，该校学生不仅学业成绩得到提升，各方面素质也得到了很好发展。

教师还是以前那些教师，生源还是以前一样的生源，而且因为该校地处城中村，其生源质量在当地被认为是最差的。这样的学校为何能够做到当地最好？奇迹是如何发生的呢？两小时的会谈让我初步了解到了一些"秘诀"。我把它称为"三个法宝"。这三个法宝一个比一个更具创新性，令人拍案叫绝，而它们之间又是互相联系、互相支持的，其背后的心理学原理都是激发每个人（包括学生、教师和家长）的内在动力。

（一）翻转课堂——学生主动思考的研究式和合作式学习代替教师灌输

平洲三中的课堂上，教师"教"得少、说得少，取而代之的是教师的提问和引导，学生的思考和讨论。以《木兰诗》的教学为例，在传统教学里，教师往往要求学生反复读，然后进行讲解，包括生字词，中心思想，段落大意，等等。而平洲三中的教师只问学生一个问题：《木兰诗》为何能流传一千多年？学生于是带着问题在课文中寻找答案，有的学生说因为字句美。教师说，不错，但字句美的诗词很多呀。有的学生说因为木兰其实是女的，这个很有趣，教师说这确实很有趣，但历史上写女性的作品也多呀，光靠这还不够……就这样，学生自主地寻找其中值得欣赏的地方，用自己的理解阐述其中的理由。而学生的发言又互相激励引发他们产生更多的思考。最后教师再补充并升华，带领学生从行文角度分析《木兰诗》中的激烈冲突和引人入胜的情节。

龙校长说，灌输式授课往往要求学生把课文读三遍，而平洲三中的孩子为了找出答案，文章被他们反复研读何止三遍！一堂课讨论下来，课文中的各要点学生已然烂熟于心。

（二）班级分组助教管理——人人都是德育工作者

在学业、行为、态度等几乎所有可以用制度引导的方面，平洲三中都有相应制度，如以小组为单位的考评，以及反馈激励机制，等等。首先学校提供关于制度的引导框架，由学生自己制定班规细则，考评记录也由学生自己轮流做。小组同学成绩共享，责任共担，当组内有人违规时，被扣的是整个小组的分。而当小组在每月一次的评分比赛中折桂的时候，家长委员会为他们颁发奖品，家长代表会到学校来给优胜组颁奖，且组内每个学生会得到同样的奖品。

在这种机制下，每个学生都唯恐不良行为拖累小组得分，大家积极努力为小组加分。比如，一个学生若迟到了，同组的同学会要求他明天早些到校；若第二天还迟到，小组长就会给他的家长打电话问原因。

龙校长说，现在平洲三中没有特别顽皮的学生，即使成绩最一般的学生，行为表现上也都非常礼貌。因为反复违纪的"风险"实在太大了：如果遭到半数以上组员的"集体弹劾"，不良组员是可以被开除出组的。在这种机制下，每个学生都是主动维护纪律的管理员。

班级分组助教管理使得每个小组成员都成为维护纪律的学生。教师开始的时候要精心安排初始成员结构，接下来就要在一旁细心观察、及时给予学生帮助和指引。在三中，不仅学生会自主管理、积极争优，类似的制度使得教师们也都努力成为更好的教师。在龙校长接手前，平洲三中的教师有能力带毕业班的只有少数人，现在几乎人人都能带好毕业班。

（三）家长听课评课活动——深度调动孩子第一教育者的力量

平洲三中的家长听课评课活动可不是常见的公开课哦！每学年每一科教师都会教一节学生人数翻倍的课，因为在该堂课上几乎全体家长都被邀请到学校客串初中生，与孩子一样以学生的身份参与该堂课的学习。

课堂上，家长们也踊跃发言，力争多拿分，家长的分数会被加入自己孩子所在的小组。这样真正"听"了一节课后，教师、学生和家长会在一起再花一节课的时间"评"课。在"评"课活动中，家长们往往畅所欲言，谈自己的感受和对孩子的希望。这样的家长听评课，被家长们誉为"生命课堂"。因为在这样的课堂里，他们可以体验到与孩子一同成长的快乐，还可以触摸到生命绽放的力量。

家长们常发表的感触就是希望自己的孩子在学习时更加积极，勇于发言，积极讨论。此活动开展四年来，家庭和学校在对孩子引导的方向甚至细节上都变得高度一致，亲子关系、师生关系、家校关系、学校与社会外部关系都因此越来越融洽。

二、原理分析

为什么龙校长自己原创的这些方法功效神奇？用心理学中的动机理论、积极心理学理论、非认知能力理论等都可以解释，用教育学、管理学、经济学中的很多理论也可以解释。以下分别从根本原理和应用原理的角度来对其进行分析。

（一）根本原理分析

进化心理学常为我们提供理解人类心理、行为的终极钥匙，从基因的深度揭示人类心理和行为的形成原因。相比基因突变的速度而言，人类生活方式的变化简直像火箭升空，其速度让前者望尘莫及。在基因的作用下，我们的很多本能倾向与非洲大草原上的远古人类相差无几，而不是与现代生活方式同步适应。比如，对于不利于在当前环境下生存的事件，我们会本能地厌恶、排斥、避免，而能增大生存概率的事件则能唤起人的幸福感，吸引人追求。

不被群体接受、没有归属感，这其实在现代社会并不致命，但对于远古非洲草原上的人类来说就会是灭顶之灾。事实上，人类之所以能在漫长的生命进化史中胜出，社会性就是法宝之一。那些不在乎同伴，不被社会群体接受的人类个体很容易死掉，而能活下来并把基因传递给我们的祖先则都是注意社会群体合作的人。因此，归属感是现代人类的本能需求之一。经济学中的朋辈效应、非认知能力理论中的学业环境归属感等都由此而来。

平洲三中的"班级分组助教管理"的作用原理就与人追求归属感的本能有关。与传统学校中常见的对个体的评价不同。平洲三中是以小组为单位来进行评价和激励的。群体作为一种存在，对其中的个体能产生巨大的影响。在传统评价方式下，学生违规被扣分的代价仅由个人承担，分量有限。而在平洲三中学生不良行为被扣分的代价则由"小组"这一群体来承担，这会影响个体在群体中受欢迎的程度。由此根据进化心理学原理，不被群体接纳是涉及生存风险的重大问题，人类基因会让我们本能地高度厌恶这种事情，做出尽力去避免的反应。

另一方面，平洲三中的学生比传统管理方式下的学生有更高的意愿尊重并遵守班规。因为平洲三中的班规是由学生自己制订的，是真正被学生群体公允的内部规范，而不是外在的需求。当规范真正属于社会群体意识的时候，规范就会对其中的个体产生强大的约束力。若违反这样的规范，个体会被群体排斥，其归属感就会受到威胁。与上述同理，涉及归属感的风险会被人们高度重视。

人类的另一本能需求是追求能力感，这也是基因决定的。进化心理学原理告诉我们，因为能力增强能够增大人生存的概率，所以当人的自身能力被证明得到增长时，人就会感到幸福。探究学习、合作学习、翻转课堂等方式根本上都是因为比被动学习更可能带来能力感而发挥作用的。事实上，学生对学习越投入，效率就会越高。龙校长强调"满堂灌的教学方法必遭反感"，讲的就是这个道理。平洲三中的"引导式教学"不是以教师为中心的，学生才是课堂教学的主角。因此课堂中学生形成心流体验成为家常便饭，这种体验满足了学生的能力感，使得他们进一步投入精力去学习以获得更多心流体验，自然就容易形成一种良性循环。

负面认知偏差也是写在人类基因中的本能。人类看待客观事物时，会将注意力更多地分配到负面信息，而对正常的、正面的信息给予更少注意。这是因为远古人类为了生存，必须对各种不利的情况特别机警，而那些没有负面认知偏差的个体其基因则难以流传下来。所以现代人很少把不了解的情况想象为比事实更好。

平洲三中给予家长深度了解孩子在校情况的机会，尤其"家长听课评课活动"独树一帜，给了家长以体验式学习方式了解课堂的机会，并且不是事先排练好的作秀，而是真实的课堂；不是只挑最好的师生参演，部分家长观演，而是全体教师、全体学生、全体家长参演。

另外，班级分组助教管理的学生小组得分也每月向家长公布并邀请家长参与激励。这些举措极大地减少了家长关心却不为所知的情况，有效避免了负面偏见的产生。加上平洲三中的教学质量本身优秀，了解到这些正面信息后家长对学校的认同感就会进一步得到强化，他们参与孩子学习活动的意愿也会进一步得到加强，从而在家校间形成一种良性的互动循环。平洲三中避免家长负面偏见的做法，对孩子的品行态度、学习动力、学习策略、社会适应性产生了积极作用，这对学生的学业成绩提高无疑是非常有利的。

（二）应用原理分析

非智力因素，或者称为非认知能力的研究是一个新兴的学术领域。该领域的研究表明，当人的非认知能力得到良好发展时，这个人在学生时代会学业优秀，升学后其学业会继续和更加优秀，成人后其事业成就会更高、幸福感会更多、身心也会更加健康。

平洲三中的教学和管理举措对学生的多项非智力因素培养十分有利，如思维定向中的"我属于这个学习集体"，坚持学习中的"自律、自控"。学习策略中的"自主学习"，社交技能中的"人际交往技巧、同理心、合作、表达、责任感"等。

非认知能力的提高不仅有益于提高人的学习成绩，而且影响人的健康、幸福和成就。非认知能力包括心灵力量、意志力量和思维力量三类，共九大项。平洲三中的举措就对其中多项有益，如好奇心、感恩、热情、自控和社会情绪智能等。

　　其实除了上述角度，还可以从很多角度分析平洲三中成功的原理。事实上，龙校长倡导的大量举措都暗合了激发人内在动力的心理学原理。为了更细致了解和分析，10月底我再赴平洲三中，进行了更加深入的研究，有关文章敬请期待。

　　[本文是2016年12月中国科学院心理研究所博士后黄臻调研平洲三中课改后所写，并发表在自己的微信公众号上，转载时对关于学校情况表述的内容做了些微改动（实为更正）。]

第二章

管理变革

从建立新型集体备课制度开始

广东省佛山市南海区桂城街道桂江第一初级中学物理科组长　蔡泽林

"练评讲"教学法的实施是一个系统的工程，其工作纷繁复杂，我们是从建立新型集体备课制度开始的。经过三年的努力，我们已经建立了以命题、审题和用题为主要内容的新型备课机制。

一、命题是集体备课的基础

"练评讲"教学法的实施首先要解决的是练习题问题，也就是要制作出一份好的练习题，所以备课组对命题工作都很重视。开学初备课组长会对整个学年的命题工作做出详细的安排，具体到每个人、每节课乃至每道题。对于命题学校已经有统一的要求，要包括尝试练习、巩固练习和拓展练习三个部分，以分别对应识记、理解和运用三个层次的能力要求。集体备课时，命题教师必须把题目交给大家审查，听取各方面的意见，然后进行修改、完善。

二、审题是集体备课的核心

审题是集体备课的核心。我们利用每周一次的备课组活动时间对下一周要用的练习题进行审查。审题过程由命题教师主持，备课组长协作。审题方式用的是一边读题一边做题。人手一份试题，每个题目每位教师都要做一遍，每位教师都要发表意见。审题过程中主要关注以下几个方面。

（1）题目是否紧扣课本内容，题量是否合理。

（2）题目是否体现新课标的理念，是否落实了从生活到课堂，从课堂到生活的原则。

（3）题目是否紧扣佛山中考考试说明，体现教改的动向。

（4）题目是否有层次性，能够使每一层次的学生都能动笔，都有收获。

（5）题目是否有典型性，便于学生抓住重点，突破难点。

集体审题的好处是：可以提高命题的质量，避免出现错题和怪题；还可以促进教师相互学习，取长补短，增强备课组的凝聚力。

三、用题是集体备课的关键

课堂用题可以被分为三轮。每一轮如何操作，在备课阶段备课组成员要讨论，使之能为实际教学提供参考，然后才让其进入课堂。课堂用题第一轮是完成尝试练习部分。在上课时把学案发给学生，让学生通过阅读课本内容，自主学习，完成尝试练习部分。然后先让学生在小组内自评，小组长汇总情况。继而开展"助教讲课"活动，具体由各小组推荐代表对习题进行评价和讲解分析。而后教师根据学生的情况，结合课本内容进行精讲，讲学生不能讲的内容。在尝试练习部分实施"助教讲课"活动的过程中，我们原则上采取"逐步放手"的策略，逐步培养学生的讲解能力。这样一来，助教讲课的内容将由少到多，逐步增加；教师的指点内容将由繁到简，逐步减少。

实践证明，课堂上让学生自主完成练习，有利于培养学生主动学习的习惯。学生带着问题，向教师发出求学的信号，改变了课前学生消极等待或被动预习的局面，加深了教师对学生和教学任务的理解，使得教师的因材施教有了观测点。让助教讲课，有利于培养学生的语言表达能力。学生不再是被支配的听众，而是主动表演的演员，他们的主体意识、参与意识、责任感、积极性都会因此得到增强。学生在讲课的实践中会逐步消除对教师、教材的神秘感、畏惧感，从而增强勇于探索、敢于质疑、敢于批判、敢于创新的勇气和自信心。

课堂用题第二轮是完成巩固练习部分。就是在第一轮学生对课本知识有初步认识的基础上，对课本知识进行巩固。本轮主要是通过学生练、学生互评、小组之间互评和优秀助教讲解的方式完成。教师在本轮的作用主要是点拨。

课堂用题第三轮是完成拓展练习部分。这一轮题量不多，一般只有一题，最多两题，主要是挖掘那些学有余力的学生的潜力，引导学生挑战自我。

　　经过三年的课题研究，我体会比较深的是：首先，课题的实施为备课组创造了财富。开展课题前，我们备课组没有自己编写的资料，基本上用别人的题目，不适合本学校学生，但自从开展了"练评讲"课题研究后，我们学科组编写了适合自己学校学生的习题。现在我们已经有了比较成熟的题库，这是一笔宝贵的财富。其次，课题的实施过程实际上就是师生自主学习习惯培养的过程。学生有了自主学习的好习惯，教学质量提高是一个水到渠成的事情。教师有了自主学习习惯，集体备课的质量就会不断提高，走上持续发展的轨道。我们学科组已经连续几年在桂城街道以及南海区的学科竞赛和教学测评中保持优异的成绩。这是对课题研究实际效果的最有力的证明。

（本文于2010年6月发表在《佛山教育》第3期）

改革，让教学管理和评价制度发生改变

广东省佛山市南海区桂城街道桂江第一初级中学教导处副主任 唐慧莲

我们开展"练评讲"教学法行动研究有三年了。说是课题研究，其实是从课题研究入手的教育教学改革活动。改革，让教学管理和评价制度发生了比较大的改变。下面是对改革内容的介绍。

改革一：教师个人备课向备课组集体备课方式的改变

开展课题研究后，学校对教师的教案不再进行检查，取而代之的是从多层次、多方面去指导和监督每个备课组每课时用于上课的随堂练习题的命题、审题和用题情况，以及练习题的出题、用题质量。因为，为课堂提供一份高质量的练习题是"练评讲"教学法实施的前提条件。为此，我们建立了教师命题、集体审题、集体探讨如何用题的新型集体备课制度。教师在集体备课之前将下周要使用的课堂练习题出好，经过集体修正后，在练习卷上标注上命题人，并上传到网上的指定地址后才能印发给学生练习，并接受学生的评价。

改革二：评价制度的改变

第一，改变对教学质量的评价。一方面评价备课组的整体教学成绩。要求备课组教师团结协作，备课组参加各项教学测评成绩力争桂城街道公办类学校第一，对取得街道公办类学校第一或第二名的备课组（而不是个人）进行奖励。另一方面评价年级组的整体教学成绩。要求全级教师通力合作，期末统考年级组各科成绩要求达到街道公办类学校第一，对取得街道公办类学校第一的年级组进行奖励。

第二，改变对教师个人的评价。我们不以每位教师的教学成绩为评价指标，而以教师参加教研活动，包括承担校内外研究课或讲学的节（次）数，听课的节数，期末课题总结报告的等次，教学论文获奖的等次，大测题和平时练习题出题是否优秀及承担竞赛工作的效果等方面综合评价和奖励教师。通过这种评价导向，鼓励教师通过参与课题研究来找到提高教学质量的突破口，鼓励教师在校内外上课和讲学，争当专家学者。

第三，改变对学生的评价。我们不评价学生个人，而以班内助教小组为单位对每个学习小组进行评价。评价的内容包括卫生、纪律、体育、学习、学科竞赛等多个方面。这项工作具体由学生助教协会负责。我们这样做的目的是要强化学生的小组合作意识，促使学生自觉自愿地开展同伴帮扶活动。这样学科教师尤其是班主任的管理由原来直接面向50多名学生，变为面向若干个学习小组的正副助教，而学习小组内部运作则由各组的正副助教自行管理。

第四，改变对课堂教学的评价。我们对每节课都实施评价，目的是引导教师按照"练评讲"教学模式进行教学，保证学生的课堂练习时间，避免满堂灌和低效课堂。课堂教学评价由班级助教协会的学生来完成。教学处根据学生评价分阶段进行总结，对表现比较好的教师进行奖励。

改革三：育人目标的改变

开展"练评讲"教学行动研究后，我们创新了学校文化，"铸就领袖气质，磨砺学者风度"成为学校育人目标。领袖气质目标主要是通过提高学生的管理能力和管理素养来实现的。我们成立了学生助教协会，这是一个组织架构直接到达每个班、每个学习小组，并且同每个学生的生活与学习都有直接关系的学生社团，是一个能够让每个学生都有机会当干部的学生成长平台。"助教他人，快乐自己"是学生助教协会的宗旨，也是我们学校文化的一道美丽的风景。学者风度目标主要是通过建构课堂教学新模式和课外学习管理新机制，培养学生自主学习和超前学习的习惯来实现的。第一，我们全面推行"练评讲"教学法，为学生自主学习和超前学习提供课堂保障。第二，在寒暑假及"五一""十一"长假前，各科教师会布置自主学习作业，引导学生根据自己的基础和能力在假期里自主、超前学习。放假回校后的第一周，学校为学生自主、超前学习提供检测、评价和奖励。第三，我们每周有一次自主学习测试，该测试由学生助教协会自己组织，自己监考，现在正在逐步过渡到学生助教协会自己命题和改卷。在今后的时间里，我们将为学生助教协会提供更加宽广的活动空间，朝着"铸就领袖气质，磨砺学者风度"的目标迈出坚实的脚步。第四，针对育人目标，设置了道德风范奖（奖励道德风尚影响力比较大的学生）、管理风范奖（奖励学生干部岗位上影响力比较大的学生）、学习风范奖（奖励自主学习上影响力比较大的学生）三大奖项，并将之作为桂江一中最高规格的奖励，在每学期末隆重颁奖。希望通过评价，引领学生不断去超越自我，走向成功。

"练评讲"教学法开展三年来，我感触最深的有两方面：一是学校教学管理有序、高效。因为教导处、科组长、备课组长对自己所要管理的工作范围、工作内容和工作目标很明确，因此管理效果也非常明显、有效。例如，2009年桂城街道优秀教研组评选，我校九个教研组中有七个教研组获得荣誉。这七个优秀教研组上送南海区参加优秀教研组评选，有三个教研组获得荣誉。二是教师教科研素质得到提升。自从本课题开展以来，学校为各位教师提供了良好的学习、探讨和研究的机会，并且每学期都有不少教师在校长的亲自带领下外出上课和讲学。教师的总体素质，尤其是教科研素质在很大程度上得到提升。2010年南海区教育科研小课题申报评审中我校有10位教师的独立课题获得立项，是南海区所有初中学校立项最多的学校，占南海区当年初中立项总数（49项）的20.4%。我校现有桂城街道名师19人，南海区名师9人，佛山市名师2人，名师人数居南海区所有初中之冠。

（本文于2010年6月发表在《佛山教育》第3期）

全民班干是分组助教管理的重要内涵

广东省佛山市南海区桂城街道桂江第一初级中学班主任　黄明

　　"练评讲"教学法是以分组助教管理为依托的教与学的组合运作方法，分组助教管理是桂江一中班级管理的特色。全民班干是分组助教管理的重要内涵。

　　分组助教管理的做法直接带来三个良好效应。一是真正找到学生自主发展的动力。小组干部和成员一起活动，推动着小组的发展，而小组间的全方位竞赛又推动了班级的整体发展，整个过程体现了个人发展促进小组发展，小组发展又推动班级发展的良性循环。二是改变了班主任的职务功能。分组助教管理解放了班主任的工作，也改变着班主任的工作方向，班主任更多时候不再是事务的参与者，而是个观察者，被咨询者。班主任通过聆听、接纳、引导、支持等，让学生内心悦服，帮助学生实现自主成长。三是彻底改变了教师关注学生的角度，使教育方式由说教式德育向体验式德育转变。

　　分组助教管理的一个重要内涵就是全民班干。全民班干就是全体学生都做班干，每人每周选任一个职务，班里共有20多种职务54个职位，全班56人，班长轮流，主要负责对任职班干进行全面客观的评价和工作上的指导。

　　我们实施全民班干有三个理由。一是为满足学生认识自己的需要。认识自己在心理学上叫作自我意识。教育就是要创造机会让学生认识自己，确立正确的自我意识。只有认识了自己，学生才能给自己适当定位，才能发展自己和完善自己。班干部工作就为学生搭建了认识自己的平台，实践成功是一种收获，使学生对自己有一种积极的认识；实践失败是另一种收获，让学生认识到自己的不足，失败乃成功之母，汲取教训，下次再来。二是为满足学生自主成长的需要。没有班干部这个平台，学生的自主成长对班主任和学生来说都是个抽象的概念。有了这个平台，学生的自主成长就显而易见。班干部工作过程中，有属于自己部门的会议，有大家提出的问题，有提议出来却还有争议的解决方案，有少数服从多数的民主意识下的最终认识。这些具体的活动，让学生一点一滴、实实在在地成长着。三是为满足学生人格完善的需要。校园事故频发反映了教育现状的诸多缺陷，其中学生人格的不完善是发生类似事故的重要原因。班干部的工作让学生体会到做事的快乐和做人的尊严，培养了学生为大家服务的良好品行，使学生得到了大家的尊重，体验到了成功的感受，换位思考、客观看人看事的能力和意识逐步加强，人格日趋完善，有信心成长为具有民主意识的合格公民，为班级和社会的和谐发展作出贡献。

我们班级实施全民班干后，学生的精神面貌发生明显变化。一是学生找到了发展的内在动力。学生主动工作和想办法工作成为课室一道亮丽风景。二是学生神采奕奕。洋溢在他们身上的自信扑面而来，学生精神面貌焕然一新。

（本文于2010年6月发表在《佛山教育》第3期）

每个年级组都会高度重视学生助教协会建设

广东省佛山市南海区桂城街道桂江第一初级中学初一年级级长 吴美桂

学生助教协会是我校实施"练评讲"教学法研究过程中，根据需要建立起来的学生社团组织，它同学生会一样，在学校管理中扮演着重要角色。更重要的是，它是学生铸就领袖气质，磨砺学者风度的重要平台。每个年级组都会高度重视学生助教协会建设。

一、关于年级学生助教协会的建立

初一级有18个班，差不多1000人，学生是全寄宿的。我们是2009年10月由走读学校突然转成全住宿学校的，很多学生从未离开过家庭过集体生活。开学初，很多学生对这种集体生活很不适应，为了使初一的学生尽快适应初中生活，融入集体，进入状态，学校想了很多办法，教师也做了很多心理辅导工作，甚至日夜在校陪伴学生，长此以往即使有效果也会累坏教师。为了减轻教师在管理方面的负担，级组在学校的建议下，成立了学生助教协会。

初一的学生做事热情高涨，很多学生都还不知道自己的水平和能力，而且他们通常喜欢表现自己，需要级组为其提供一个展示自己能力的平台。级组经过一段时间的组织、发动之后，采用了班主任推荐与学生自荐的形式，确定候选人，并通过公开竞选，选出了学生助教协会的成员，然后就开展了分工和培训工作。例如，邀请初二和初三年级的学生助教会秘书长、理事介绍工作方式、方法，明确工作的要求等。

二、关于年级学生助教协会的架构、运作与培训

（一）架构

年级学生助教协会设正秘书长1人，副秘书长2人；语、数、英、政、史、体、艺术（包括音乐、美术）7科正理事各1人，副理事各2人；各班设一个上传下达的秘书。每班分五个小组，每个小组有正助教各1人，副助教多人（副助教也叫学科代表，原则上是每科1人），每个小组都有2~3对一帮一组合。

（二）运作

学生助教协会的主要任务是强化学习小组合作与竞争的意识，直接对每班五个小组在纪律、学习成绩、卫生打扫、仪容仪表、作业缴交等各方面的情况进行评比，让学生在竞争中成长。其主要做以下具体工作。

（1）每天对各班各组的卫生工作进行评分，包括公区、课室，学生的仪容、仪表等。

（2）每天对各班各组的早读情况进行评分。我校的早读不需要教师到场，完全由学生自主管理。

（3）每天对各班各组的晚修纪律情况进行评分，要求学生入室即静，即静即学。

（4）每天对每节课的课堂进行评分，要求课堂做到"五有"，即有课前读书、有学生练习、有助教评讲、有教师精讲、有小组竞赛。

（5）每周主持学科自主学习测试，包括监考和成绩分析等。定期召开协会干部座谈会、总结会，协助级长组织全级性的学生会议。

（三）培训

助教的培训遵循两个原则：一是实践与培训相结合，鼓励学生在做中学；二是分层培训与传帮带相结合。我们把学校培训、级组培训、学科组培训、备课组培训和班级培训等不同层面的培训与协会本身高年级带低年级的传帮带方式结合起来。在具体的工作岗位上培训学生，建立起一种强有力培训机制。

三、我的收获与体会

通过一个学期的尝试，学生的管理能力有了很大的提高，以往当级长总觉

得有干不完的事，现在有学生直接参与管理，我可以从琐碎、繁重的管理工作中解放出来了。当然，学生培训初期还是比较辛苦的，大会小会不知道开了多少，有时还得手把手教助教如何做事，如何灵活处理年级管理过程中的一些矛盾，包括突发事件的上报和处理等。我觉得走学生自主管理这条路，关键是要建立一种运作机制，让学生自己发现问题，自己想办法解决问题。最近年级里有两个班的纪律不太好，学生助教协会的秘书长就亲自坐镇该班的晚修，找出问题所在，效果很好。在他们的建议下，我们下阶段准备以每层楼的三个班为一个单元，实施分楼层评价，开展班际竞赛。我相信会有新的收获。

（本文于2010年6月发表在《佛山教育》第3期）

让学生乐于当干部需要营造良好的氛围

广东省佛山市南海区桂城街道桂江第一初级中学团委书记 朱霖

"铸就领袖气质，磨砺学者风度"是我校的育人目标。如何才能在学校中培养学生的领袖气质呢？这要同时具备两个条件：一是学校要给学生提供一个良好的锻炼平台，二是学生要乐于在这个平台中表现自我。为此，我校成立了学生助教协会、学生会、心理协会、音乐协会等7个协会，提供了很多学生干部岗位供学生自由选择，为学生锻炼和提高管理能力搭建了一个很好的平台。如何让这个平台发挥作用？毫无疑问，这需要想办法激发学生自主管理的动机，提高学生的自主管理意识。

常言道："思想决定态度，态度决定高度。"要想学生真正乐于去当干部，就要解决学生的思想问题。而解决学生的思想问题需要营造出良好的氛围。因此，我校在创设氛围方面做了大量工作。

一、给学生传递"略超前"的竞争意识

让学生认识到在竞争非常激烈的社会中，只要比别人"略超前"一点点，就会获得更多成功的机会。为了得到更多学生的认同，我们从校长到教师都会利用一切教育的机会做学生的思想工作，对全体学生明理导行，强化学生"略超前"的竞争意识。

二、在全校学生中树立学生干部的威信

一方面学校通过宣传，向全校学生公示各协会需要的各种干部岗位。通过

组织学生自己报名、竞岗和择优录取，让学生干部得到大家的肯定和认同，为学生干部日后干好工作打下了很好的基础。与此同时，学校的全部橱窗都用来展示学生干部的风采，为他们的发展注入动力。另一方面学校为学生干部配置了全校最大的办公室和相应设备，为学生干部的工作提供必要的物质支持。

三、建立"金字塔式"的干部培养模式

采用分组助教的小组评价方法，让学生干部认识到，只有小组好才能体现出自己的工作好，只有小组整体强才能说明自己的管理能力强。"金字塔"是我们学生干部成长的阶梯，也是我们的培养模式。每一个学生干部都需要从班级开始，当好基层干部，才能有机会被提拔为年级干部、校级干部。通过这样的培养模式，我们让每一个学生干部都能找到自己的岗位和奋斗目标，让全校的学生干部都能够保持积极进取的精神面貌。

（本文于2010年6月发表在《佛山教育》第3期）

"练评讲"教学改革前提下的班级生活

广东省佛山市南海区桂城街道桂江第一初级中学初二（11）班班长　张志美

一、分组助教管理

我们班有五个大组，组长由学生自荐，班级评选，综合素质高就会被选上。然后组长自主选择组员，因为接下来会展开许多的竞赛及评比，所以在选人的过程中，组长要听取各位同学的建议和班主任的意见，全面考虑组员的学科成绩、特长、结对帮扶的可行性等因素。

分组完成，接着就是助教的选拔和结对帮扶对子的确定。每组要选出正助教一名，一般由组长担任；副助教多名，一般是每个学科一名，也叫科代表。并结成2～3对帮扶对子，一般要同学自愿组合。

分组助教管理的主要工作是五个小组的分工合作以及评比。我们实行五个小组轮流值日制度，包括轮流主持班会课。评比主要由学校助教协会的干部来登记和评分，评比内容包括各个小组的纪律、卫生、仪表、成绩进步幅度、结对帮扶效果等，每天都会有一个优胜小组产生。

分组助教管理这种方式有利于让班级更加融洽，也有利于提高大家在学习生活中的积极性。

二、班干部工作管理

我们班有5名正助教，每人轮值一天班长，并设立了许多职位协助管理班级内务，且各个职位都由同学们自由竞选，一星期更换一批。每天有班干部会议，以交流情况，解决问题，完善班级管理，这样可以让更多同学体验做班干部的感受，从而学会换位思考，培养责任心。班干部轮值可以不断提高同学们各方面的素质，如学会如何与别人友好相处，从而进一步促进班级的和谐发展。

三、我们的自主型班会课

班会课主题是由我们学生提供的，但一般都要经班主任筛选。我们的主题基本上是从班级现状中寻找并且有侧重点的。初一侧重快乐成长。在初一的时候，我们的班会主要是帮助同学们塑造阳光、健康的个性。例如，我们组织过的班会"个人形象大比拼"，主要针对同学们的一些不良的行为习惯而设计，旨在为同学们以后的学习生活做铺垫。

初二侧重努力成才。在这个阶段我们着重于两个方面：一是想办法提高学习成绩。例如，我们组织过的班会"我的时间我做主"，大家可以从中获取许多经验，学会科学合理安排时间。二是完善人格。在过去的班会中，我们安排过好几个人际交往技巧方面的主题，旨在让大家在快乐学习的过程中铸就气质，与别人友好相处。

初三侧重走向成功。我们想在中考方面得到更多的启示，在人生规划方面找出一些规律。为了上好这节自主班会课，我们向教务处的老师请教，获得学校中考普高录取率等相关数据，加上学校是平行分班，这样就可以模拟出我们班级普高和中职录取曲线。方便每个同学对照曲线找准自己的学业水平位置和需要做好哪些方面的努力。每个同学的备考目标和努力方向都一目了然。

我们的所有班会课都是小组轮值。以小组为单位组织班会，并且做到全组参与，集思广益，尽量人人能够到台前展现风采。小组在组长的带领下，一起构思、组织、分配工作，落实到每个环节。小组制定出的初稿一般都会交给班主任过目，听取建议后加以修改，然后执行。这种班会课更贴近我们的学习生活，与以往教师课堂上唱"独角戏"的形式截然不同。同学们组织的班会更容易进行互动，能让更多学生表达自己的真实想法，也为教师和学生的沟通提供了一个平台。在准备的过程中，小组成员之间学会了团结合作，营造出一种和谐的气氛。

（本文于2010年6月发表在《佛山教育》第3期）

学生自己组织课堂评价与考试

广东省佛山市南海区桂城街道桂江第一初级中学学生助教协会初一级秘书长

初一（17）班学生　周丹琳

我先来介绍一下学校助教协会的架构和职能。它设有1位会长，2位副会长，7个主要学科每科各设1位学科常务理事长；每个年级有1位秘书长，2位副秘书长，每班有1位秘书；每个年级每科有1位正理事，2位副理事；每班有5个正助教，多个副助教。学生助教协会负责管理与教学相关的各项事务。

作为学生助教协会初一级秘书长，我负责助教协会初一级的工作，有2位副秘书长配合我。其中一位副秘书长直接管理各班秘书。各班秘书主要负责统计好"桂江一中'五有'课堂教学评价表"、"一帮一辅导表"、"'练评讲'课堂练习登记表"三份表格，并计算各种数据，如每个助教小组得分，每个助教的得分等，并将这些数据及时上交给副秘书长进行统计。另一位副秘书长直接负责年级学科理事的管理。年级学科理事负责每天对学生课室卫生、纪律、仪表、作业等进行检查评价，还要负责周测和学科活动安排等。我要经常检查两位副秘书长统计的各种数据，从中发现问题，和级长交换意见。定时召开学科理事与班秘书会议，总结工作中存在的问题。

下面我仔细介绍一下上述三份表格的作用。"桂江一中'五有'课堂教学评价表"主要是统计"练评讲"教学模式使用的情况，如果教师上课采用了"练评讲"教学模式，并做到"五有"，即有课前读、有学生练、有助教评、有教师讲、有小组竞赛，那么，当节课就可以得到2分；少一个环节都不给分。"一帮一辅导表"主要记录每个小组中的结对子帮扶工作的开展情况，该表对于助教当天有没有辅导他人，辅助几次，都有记录。"'练评讲'课堂练习登记表"主要是统计每节课做的随堂练习卷是否规范，统计对象包括标题、日期、科目、命题教师姓名、页数、试题结构、使用情况、使用效果等信息。

上学期初，我们助教协会初一级的干部把初一年级管理得井井有条，获得了教师们的交口称赞。其中，做得最好的是周测安排。年级组每周星期日学生回校晚修时，有两节课时间用来做自主学习测试，我们称之为周测。周测工作全部由学生助教协会的干部负责安排和管理，包括监考人员安排、收卷发卷、巡考、填写好监考情况记录表、成绩分析、小组评比等。我们年级的周测工作，每次都能够顺利进行，从未出过差错。

在助教协会的工作过程中，有时也会有个别同学无法协调工作与学习的关系，中途提出辞职的，在这种情况下秘书长向助教协会会长汇报后，可以重新招聘。

（本文于2010年6月发表在《佛山教育》第3期）

学生会是铸就领袖气质的舞台，需要一届强过一届地衔接

广东省佛山市南海区桂城街道桂江第一初级中学学生会主席

初二（5）班学生 周婧

学生会主要分为五个部门，分别是生活部、卫生部、体育部、宣传部和宿管部。生活部负责饭堂纪律与卫生的管理；卫生部负责学校公共区域的检查与督促（不包括教学区）；体育部负责学校两操（课间操和眼保健操）、小卖部的纪律与体艺节的纪律；宣传部负责广播站、内部网站；宿管部负责宿舍的管理。学生会主要负责与德育管理相关的各项事务，包括生活区域的管理，重点是宿舍，所以宿管部的干部队伍规模比较大，有楼长、层长、正副舍长等。

学生会是学生铸就领袖气质的舞台。我们学校的育人目标是"铸就领袖气质，磨砺学者风度"。学生会的工作直接指向"铸就领袖气质"这个目标。首先，学生会是一个竞争的舞台。学生会干部是通过竞争上岗的方式产生的，整个竞岗过程都是由学生评委组织完成的，包括张贴竞岗通知、排列竞岗名单、联系竞岗地点、评选等。其次，学生会是一个合作的舞台。各部门在管理过程中，利用民主表决的方式，通过决策和执行制度。部门负责人是决策过程的主持人和执行过程的监督人。再次，学生会是一个创新的舞台。在各部门的管理过程中，有许多方法是我个人比较欣赏的。例如，上个学期部长向我提出建立各部门规章制度的建议。起初，我并不看好这个提议。因为我认为这样做会让学生会干部产生一种懒惰的思维，凡事都按照制度办事，这样不利于他们能力的提升。但为了不打击部长们的积极性，便让他们去试验这个方法。后来的效

果却让我大吃一惊。部长往往会将一个比较粗略的制度发给部员。然后让部员们结合部门情况，提出近期部门所存在的问题，想出解决方法，完善制度。这样不但没有使干部产生懒惰的思维模式，反而让他们养成了善于创新的习惯。又如宣传部所设计的新颖的栏目，如英语角、点歌台等。这些栏目极大地丰富了同学们的课余生活，在校内获得了广泛好评。

学生会有相对独立的活动空间。我们有一个比较大的办公室（比校长室要大）。里面有三台电脑，一个独立的服务器，用来登记和公布每天的各种检查得来的数据，有一个可以容纳15个人的会议台。各部门的会议基本上是一个星期一次的定时会议。有些部门只要出现问题就会及时在会议室召开会议讨论。我们学生会每学期还会进行一到两次的活动，如各式各样的比赛、游园活动等。所有的准备工作都是由部长协助主席完成的。举行这些活动的目的是奖励学生会干部们一学期的辛勤工作，并鼓励他们下学期做得更好。

要在学生会立足不是一件容易的事情。刚才我听到学生助教协会的秘书长提到关于学习与工作的关系，在此我想发表一下我的看法。在我看来，一个优秀的学生一定要能很好地兼顾学习与工作两个方面。因为在学生会就有很多可供我们学习的榜样，他们成绩很好，工作能力又很强。所以我认为如果一个人会因工作而影响成绩的话，那么他的学习效率一定很低。如果在学生会中想要很好地立足，那么如何协调好学习与工作的关系将是你要学习的第一项内容。

学生会需要一届强过一届地衔接。由于学生会是一批人当两年的形式，所以主席和部长基本上是初二的学生，副主席和副部长基本上是初一学生。好的东西必须保留，新的东西要适应潮流。所以我一直要求初二的学生会干部要培养好初一的干部，锻炼他们的工作能力，培养他们的创新意识，并让自己的能力在两年的工作时间内实现质的飞跃。因为只有这样才能使学生会一届强过一届。

（本文于2010年6月发表在《佛山教育》第3期）

运用班级分组助教管理模式，把学生推向前台

广东省佛山市南海区桂城街道桂江第一初级中学 周淑燕

我校实施的班级分组助教管理模式，具体说来，就是把每一个班级分为五个助教小组（学习小组），每个助教小组设正、副助教，每个小组轮流值日，每个助教轮流帮助教师组织课堂教学活动，并在助教小组之间开展评比活动。近几年来，我校运用班级分组助教管理模式，把学生推向学习和管理的前台，实现了班级学生自主管理的目标。

一、让助教成为学生走向前台的领头羊

首先，要建立助教的选拔机制。班主任要以一个开拓者的眼光，大胆地去物色正助教和学科助教。首次挑选的对象要尽量满足三个条件：一是有热情，肯做，乐于做，积极进取；二是有一定的沟通能力；三是要有一定的组织能力。有些班主任看重学习成绩，这样的方向没错，但是实践证明，对助教来说如果只是学习成绩好，往往是不够的。领头羊需要的不仅是要在学习成绩方面进行引领，更要在情感、态度、价值观方面进行引领。领头羊不是教师选出来的，是学生在助教实践中磨炼出来的。领头羊的成长是一个渐进的过程。班主任要做一个有心人，要处处留心和观察学生助教的工作情况，建立长效的选拔机制，让每个学生都能上能下。

其次，要建立助教的实践机制。新一届的助教选拔出来之后，教师就要帮助他们做好工作分工，明确职责。引导他们树立为班级发展服务的意识，鼓励他们大胆工作，践行"助教他人，快乐自己"助教理念。每一次班会课和家长

会都让他们总结自己的得失，接受同学的监督。这样的实践机制比较有效果，很多助教的语言表达能力和动手实践能力都得到了提升，在学生中很有威信。在他们的引领下，班级学生人人都想当助教。这个时候，教师就可以顺势而为，让班级人人当助教，事事有人管。实现让每个学生都走向学习和管理前台的班级发展目标。

二、让评价成为学生走向前台的助推器

评价是班级管理的杠杆，是班级学生发展的助推器。班级分组助教管理模式的积极作用突出体现在两个方面：一是助教管理，二是分组评价。前者解决谁来管的问题，后者解决怎样管的问题。要让学生走向前台，只有助教引领是不够的，还得有制度作保障，用评价机制来助推学生发展。在实施班级分组助教管理模式的过程中，我们非常注重评价方案的制订工作，每个班都会根据班级学习和管理的实际需要，制订一套小组量化评比方案，然后以小组为单位实施评价。我们班的小组评价方案，完全由学生集体讨论制订，投票过半数就可以通过；修改机制也比较灵活，只要过半数的学生同意就可以作出修改。这个方案涵盖了班级生活的方方面面，具有简单明了的特点。比如，第五条，晚修自修看纪律，讲话、下位一人次扣小组1分；第六条，宿舍作息看态度，宿舍违纪吵闹，有人主动承认错误的扣小组0.1分，无人承认错误的扣小组1分；第七条，结对帮扶看效果，小组内助教结对帮扶效果好，给小组加1分；第八条，优秀助教评比看认同度，认同度达到80%以上才有资格参加优秀助教评选，认同度低于40%的需要主动退出助教岗位。这些评价制度目标清晰，导向明确，时时处处保护学生参与管理的主动性和积极性。特别是鼓励学生在尝试错误的过程中找到努力的方向和前进的目标，真正成为学生走向管理前台的助推器。

三、让自信成为学生走向前台的发动机

培养学生的管理素养，最大的挑战在于培养学生的自信心。对于初中学生来说，管理自己就已经不是很容易的一件事，何况还要管理别人，管理一个小组。怎样获得自信心，这对于大多数学生来说，确实是一大难题。我的做法是：一方面让学生从参加演讲活动中开启自信；另一方面让学生在管理实践中

增强自信。在助教竞选之前，我会利用班会课、学科课、活动课等各种课堂训练学生的表达能力，向学生传授一些演讲的技巧，然后不失时机地鼓励学生参加各种竞选活动，展示才华，激发信心。在学生参加学校的助教竞选的活动中，我亲自为他们助阵；过后，把他们的精彩表现及时传递给本班级同学。很多助教在我的鼓励下，获得了自信，一步一步地迈向成功。

　　管理的实践过程是一个大事、小事，自己的事、小组的事交错在一起的过程。学生自信心的培养不仅需要教师的耐心鼓励，而且需要具体的管理实践。如果说在演讲过程中学生可以自信的话，那么在实践中的锻炼则可以让学生巩固自信。很多时候，助教们敢于说话、大胆管理，学习成绩很好，人缘也很好。但是一旦遇到挫折，往往自信心不足，自动退缩的、大吵大闹的、自暴自弃的情形也时有发生。为此，我依据尝试错误学习理论，让学生主动尝试错误，放手让助教们自主管理，等到他们面临具体的困难的时候，我及时出手相助，这达到了事半功倍的效果。有一次，班级值日的正助教对三位同学的课堂表现进行扣分，引发了小组之间的冲突。原因很简单，三位同学对扣分没有异议，关键在于值日助教表达得语气不当。事后，我组织大家讨论，看看应当怎样化解管理过程中的矛盾和冲突。大家分析产生问题的原因，开展了批评与自我批评。很快大家通过这件事得到了教育，助教们的管理技能得到了长进，工作做得越来越好，威信更高了，自信心更足了，成长更加主动了。

（本文发表在《广东教育（综合版）》2012年第Z1期）

学科类班会课小组轮值机制、流程、效果

广东省佛山市南海区桂城街道桂江第一初级中学　曹晓霓

我校秉持"让学生跑在教师前面，做最好的自己"的教育理念，推行了以"学生练—助教评—教师讲—小组赛"为特征的"练评讲"教育改革。最基本的做法就是让学生在做中学，在学中做。其中，让学生小组轮值班会课就是一种创造性的探索，班会课从初一就开始让学生以小组为单位来设计和组织谈何容易。很长一段时间，我们进行了多方面的探索，试图寻找到一种既简便又有效的方式，以实现学生的轮值习惯养成和提高班级管理实效。在这个探索的过程中，我找到了一些好的方法。

一、建立学科类班会课小组轮值机制

班会课小组轮值，机制的建立是前提条件。没有机制保障，小组轮值运行无规则，其效果就会大打折扣。学科类班会课小组轮值机制，主要包括以下几个方面。

（1）分学科小组轮值。把初一的学科分为语文、数学、英语、政治、历史、地理、综合（体育、音乐、美术等）7个学科，让五个学习小组，轮流负责学科班会课，每个星期每个组都轮流负责不同的科目。

（2）以学习中的"发现—快乐"为主线，确定班会课的主题，让各个小组施展才华。我把"我发现，我快乐"作为一个阶段的班会课主题，让学生寻找各学科学习过程中的不足之处、闪光之处。

（3）确立班会课小组轮值认同度评价机制，对每个小组主持的班会课进行

认同度评价，不断地激发学生小组自主管理意识和工作热情。

实施一段时间之后，我发现这种从学科入手建立班会课小组轮值机制值得推广。它能够让初一的学生有话可说，也满足了学生表现"快乐"的欲望。因而，整个班级很快进入到班会课小组轮值状态。我的班级只用了两轮10个星期（每个星期1节班会课）的时间就建立起了班会课小组轮值制度。

二、规范学科类班会课的操作流程

（一）课前各小组收集问题

轮值小组的正助教将小组轮值的班会课各组竞赛内容公布给五个小组，由每个小组的正助教负责各自小组的准备工作。刚开始那段时间，基本上是根据学科布置同学们从近期做过的练习册、测验卷等中找出曾经做错或容易做错的题目，然后在课堂中以小组为单位派代表展示，让大家来评价。

（二）课中各小组归纳问题

在课堂中学生以小组为单位将收集到的问题进行筛选和归纳，让本组学科助教整理评点的思路。

（三）课中各小组展示问题

各小组按照顺序派代表展示收集到的问题，让其他小组抢答指出错误所在，并让本组学科助教当堂评点。轮值小组记录各小组得分情况。

（四）值日助教总结点评

轮值小组值日助教对各小组的课前准备情况、课中的问题归纳和展示情况，以及各小组的得分情况等进行总结与点评，宣布优胜小组名单。

（五）班主任总结点评

班主任在小组主持人总结点评的基础上，发现问题，提出改进意见，为下一个小组轮值班会课提供指引。

这样的班会课操作上简单易行，而且适用性十分广泛，非常有利于小组轮值这种方式的可持续性发展，非常符合初一学生的实际需要。

一个学期下来，我班的学科类小组轮值班会课工作进展非常顺利。第二学期，我们在此基础上，相继建立了思想教育类、心理健康教育类的班会课轮值机制，成功地进行了"练评讲"教育环境下各类班会课的小组轮值实践，取得了突出的成效。随着学生的成长，我们的班会课，无论机制还是模式都发生了较大变化，但是学科类的班会课在学生心中依然占有一席之地。班级的学生干部很愿意组织大家上这种学科类的班会课。

三、学科类班会课对班级发展的积极作用

2012年，我接手了初二（14）班任班主任。为了进一步增强学生的纪律观念，提高学生的学习积极性，强化学生的自信心和责任心，我再三考虑之后，决定从学科类班会课的轮值入手，加强班风学风建设，优化班级管理文化，并检验学科类班会课轮值的效果。试行一段时间以后，发现班级发生了比较明显的变化，体现在以下两个方面。

（1）班风和学风越来越好。学生课前收集素材的范围不断地扩大，不再局限于书本和测验卷，课堂讨论显得更加成熟，如针对小组竞赛规则的制订很快就能够达成协议。学生都喜欢上学科类班会课。在这里，他们可以施展自己的才华，可以体会小组合作的快乐，可以学习别人的长处，不知不觉中养成了小组轮值学科类班会课的习惯，各项班级管理常规工作落实到位。实现事事有人管，人人有事管。

（2）学习成绩明显提高。学科类班会课在培养小组轮值习惯的同时，也促进了班级学习成绩的提升。我们班的学习成绩在学校组织的几次大测中，一次比一次好。

一个学期下来，我们班已经完全走出困境，实现新的超越，成为年级组的学习优胜班级。当然，学习成绩的提升是多方面的因素共同作用的结果，简单归功于学科类班会课的实施也未免草率。但是，学科类班会课的实施，激发了学生自主管理潜能，也激发了学生自主学习热情，改变了他们的学习面貌，进而提升了他们的学习成绩，确实是没有争议的事实。

（本文发表在《广东教育（综合版）》2012年第Z1期）

班级分组助教管理，学生多了许多成长的机会

广东省佛山市南海区桂城街道桂江第一初级中学　廖东兰

2009年笔者调到桂江一中担任班主任工作，亲身体验了班级分组助教管理模式的魅力。这种制度让班级人人有事管（每个人都是班上的助教），事事有人管（每位助教都有具体的职责），学生成为班级管理的主人，班级成为学生成长的舞台。这种制度同传统的班级管理最大的区别就是，学生多了许多亲身体验的机会，多了许多自主成长的机会。

一、上"练评讲"助教课，学生助教他人，快乐自己

我既是初一（3）班主任，又是初一（3）班英语教师。课堂上我应用"学生练—助教评—教师讲—小组赛"的模式教学，并请学科助教轮流协助我主持课堂教学活动。我尝试着放手让班级学科助教走上讲台，开始并不那么顺利。助教们普遍怯场，声量小，吞吞吐吐，词不达意，达不到预期效果。但我并没有泄气，坚持对助教们进行课前培训、课堂鼓励以及课后指导。与此同时，我还训练他们的教态，教他们一些表达技巧和临场应变技能。功夫不负有心人，初一下学期，在学校组织的优质课评比中，我班由司徒嘉敏和彭倚铃两位助教执教的英语助教课获得了全体听课师生的好评，并且获得了校级优质课一等奖，这给了我和助教们莫大的鼓励，我和他们同享快乐，一同成长。事后助教们纷纷对我表达谢意，我也从内心里感谢他们。此后，我班学生的课堂学习积极性高涨，大胆举手发言的学生越来越多。事实上，还有许多科目的助教课也上得很棒。教师和学生平等参与课堂，课堂学习气氛非常活跃。几次大测下来，我们班的成绩也一次

比一次好。同学们阳光写在脸上，快乐洋溢心中。

二、上自主型班会课，学生引领他人，成长自己

学生自行组织班会课，我以前听说过，但从来不敢相信这是真的，更没有想到，自己会亲身实践这样的班会课，直到今天，我同其他学校的教师谈起，大多数人还是半信半疑。传统的班会课都是班主任根据德育处的统一安排，在某一段时间侧重某一方面的主题来设计班会课的内容的。有时也会针对班级出现的问题讲一讲，而且基本上都是满堂灌。然而，这种班会课对学生来说毫无吸引力可言。而在桂江一中学生自己组织班会课，从主题设计到具体操作，全由学生完成，教师只是一个指导者，是否邀请班主任讲话，也由学生自己决定。

初一时，我让各个小组的助教到初二去听班会课，看看学哥学姐们如何组织班会课然后进行模仿。班会课的主题是学生自己讨论确定的，竞赛规则、流程和台词也都是学生自己集体讨论确定的。整个过程我不干涉，完全让学生自主完成。当然，大框架确定前，学生一般都会主动征求我的意见，班会课进行当中，他们一般也会给我5分钟左右的时间进行点评。我尽量用好这些机会，课前为他们指明方向，课后帮他们指出不足，为下一个小组组织班会课提供借鉴。开始时，对于这样的班会课，同学们还觉得新鲜，不过一学年下来，他们就有些倦怠了。到了初二上学期，我决定用小组细分的方法来组织班会课。每个助教小组自由细分为三个小小组，那么五个助教小组就一共有十五个小小组，然后按照小小组轮流，这样一来，一个学期全班每个学生就都有一次机会参与组织班会课。这个任务学期初就下达，每个助教小组都是第一个小小组先上，轮完五个小小组后，由学生评选出最优秀的一次主题班会课，并给予小小组所在的助教小组加分。接着每个助教小组的第二个小小组轮流，第三个小小组轮流，以此类推。由于要竞赛，而且每个学生只有一次机会，我发现学生特别积极认真，班会课的管理也跟着上了一个新的台阶。学生的成长和进步突飞猛进，班会课也更加具有活力。

三、组织家长会，学生成就最好的自己

经过初一一个学年的锻炼后，我觉得有必要将学生推向更高的一个层次，于是我向高年级的班级学习，让学生自己组织家长会。经过学生的民主推荐，由司徒嘉敏和姚婉琪两位大家公认的优秀助教带头尝试承担组织家长会的任务。一开始两个助教都很忧虑，不知从何入手。我极力鼓励她们，并且指导她们，让她们多听听大家的意见。结果家长会历时一个多小时，有多媒体课件，图文并茂；有小组汇报，形式多样。两位助教在整个会议过程中，言谈自若，举止大方。此次家长会打破了传统，新颖独特，有效吸引了家长的关注。事后有家长感慨："如果不是亲临现场，估计没有多少人相信。我很开心，孩子的进步就在眼前。"

此次家长会共设计了以下环节：

前奏：献给家长们的全班录制的一首歌：真的爱你（时值母亲节刚过，父亲节即将来临）。

第一环节：我们的七彩校园生活。以图片、录像形式回放本班学生一学年的在校学习生活，如体艺节，五四文艺汇演，慈善义卖活动情景，助教们开展班会课情景，助教课参加优质课评比情景，等等。第二环节：我们的干部风采。五个正助教分别上台向家长汇报自己带领的小组所取得的成绩和下一阶段努力的方向。第三环节：我们的大测成绩。有表彰学习尖子，优秀学生，进步学生，优秀帮扶对子等多项内容。第四环节：我们的自查自揭。向家长们袒露班级存在的不足。第五环节：我们的期末目标。有个人目标，小组目标，班级目标。

经过几次家长会的锻炼，很多助教已经能够从容应对家长会，并且组织得一次比一次更好。经过几次家长会展示，家长们从担心自己的孩子做班干部会影响学习转变为主动要求教师给机会让孩子当助教。今天，学生组织家长会在桂江一中已经很普及，并且初一就已经开始，操作的方式也已经多样化了。每当回想自己操作分组助教管理模式的经历，学生一幅幅的成长画面就在眼前，一种欣慰的感觉就会涌上心头。

（本文于2012年2月16日发表在《广东教学报》第1881期）

"练评讲"教学模式下的助教小组建设与助教培养

广东省佛山市南海区桂城街道桂江第一初级中学　麦绮文

学生先练、助教点评、教师后讲、小组竞赛是"练评讲"教学模式的主要特征。让这种教学模式出成效，关键是加强小组建设，培养好助教，让各个竞赛小组能够真正"赛"起来。

一、组建助教小组，各组实力要相当

在"练评讲"教学模式下，无论是学生练还是助教评，始终离不开学生的积极参与，要学生积极且长久地参与下去，组员的内部协调和各组间的实力均等是非常关键的。本人担任初一班主任时，由于对学生不熟悉，而且缺乏分组经验，分出了5个实力较悬殊的助教小组，实际操作时，问题一下子就暴露无遗。实力较强的小组上课积极，自修纪律良好，清洁卫生认真自觉；而实力较弱的小组，成员间互相埋怨，内部不够团结，小组的整体发展受到制约。

从初一到初二，我对助教小组进行了多次调整，每一次的调整都带来了班级的良好变化。每一次良好的效应，都同小组的实力相当有直接的关系。我的分组思路也逐渐清晰起来：首先在班上物色好10个表现较为突出的同学，一般是5个男同学和5个女同学。然后根据他们的能力和性格进行男女搭配，于是就出现了最早的5个助教小组干部雏形。接着就让这些同学各自挑选自己的组员，为了避免出现表现较差的同学没人要的局面，我把表现较差的同学固定下来，让这些同学接受小组干部挑选。当所有人员都选好后，我再来协调好每组的男女同学的比例。经过这种方式的分组后，各小组的实力相对较为平均，正助教领导起来也较为顺手，成员间互相合作也比较好，整个班级呈现你追我赶的良好氛围。

二、正助教要公选，轮换要有保障

一个班级的健康良好发展，各正助教的责任重大。现在的"练评讲"教学模式将一个班级分为五个小组来进行管理，所以选好各组的正助教就显得尤为重要。按照上述的分组方法，我选择了心目中能力强的同学来担任各组的正助教，理论上不会出现各组正助教实力太悬殊的问题。但在实际工作中却并不是这样。因为教师的看法和学生的看法并不总是一致。教师认为那些能力强的人，学生有时候并不认可。所以以上的男女助教搭配的方法，只能是学生之间相互还不太了解时的权宜之计。一段时间之后，要让学生自己来选自己的正助教，只有对于自己选出来的正助教，学生才会跟随他，拥护他。所以阶段性的小组调整，甚至重新洗牌都应当视为很正常的现象。例如，初二刚开学，我和几个得力助教讨论小组的内部调整问题。大家都赞成让小组成员自己来决定谁是正助教，谁是某学科的学科助教。给我印象最深的是，在开学的班会课上，学生自主围成一堆讨论谁做正助教或学科助教时的情景，当时气氛非常热烈。这种场面我之前想象不到，学生的认真和坦诚让我感动，看样子他们一定要挑选出最适合的人选来。经过一轮又一轮的激烈讨论，各组的正助教挑选出来了。并且，学生挑选出来的正助教其实和我当初所选定的人选出入不大。为什么之前他们不愿意接受我的安排呢？原因其实很简单，那是因为学生自主意识提高了，他们需要自主决策的过程。

正助教选得恰不恰当，关键要看是否能得到认可。正助教的威信高，能力强，教师就可以省心很多。例如，最常规的清洁卫生任务的分配，我就主要抓几个组的正助教，让他们每个小组先认定一周的卫生工作，然后看学校学生会评价的结果。做得好的小组以后就少一些任务，反之就多一些任务。第一次安排清洁卫生任务时，我和5个正助教一起设定清洁工作的岗位及职责，让他们将小组成员的名单填到相应的岗位上，并且授权他们今后可以自行对岗位进行安排和调整。此后，我不再过问这项工作。一直以来，我班无论是公共区域的清洁还是课室的卫生，在级里都算做得相当不错的。这和挑选到优秀的正助教是分不开的。

但正助教确实也需要轮换，才能让小组充满生气和活力。当某个学生对某一岗位产生惰性时，就要有适当的机制让其及时更换岗位，这对正助教本人和小组都是一件好事。所以我的班级制定了如下制度：每个学期的中段进行一次助教竞选活动，有谁不想做或有谁想做都可以借助这个机会表达出来，再经过同学们讨论决定谁当选。例如，我班在初二刚开学的时候，C组有一个平常表现较差的学生由于怀有很大的热情想做正助教，所以他们组的学生都觉得应该给他一个机会，刚开始的时候，他还是很尽职尽责的，但时间一长，惰性就出来了，刚好到了学期中段，趁着这个时机，他们组员征求过我的意见后把他给换了。

三、助教培训力度要加强，培训要常态化

魏书生说过："学生的思维方式，都有着各自独特的、令人惊叹的组合方式，每个大脑都是一个神奇的世界。"所以，我们要相信学生有能力做好教师交给的任务。但学生毕竟是学生，他们是要通过学习才能将教师交给的任务出色完成的。有什么样的教师就有什么样的学生。教师对学生起着潜移默化的作用。所以对助教的培训一定要加强。

桂江一中每一个学期都会组织各班的正助教、秘书长、各科助教进行培训，但光靠学校的一两次培训是不够的，年级组的培训也很重要，同一年级的学生能够相互影响，要让学生拥有一个良好的工作状态，年级组毫无疑问要加强培训。但如果只是停留在年级组层面的培训，显然也是不够的。班主任培训、学科教师培训才是落脚点。我的助教培养基本上是走常态化的道路，也就是说在平常工作当中随时发现他们的不足，引导他们学会分析问题和解决问题。我帮助助教们建立了定期的（一般一个星期一次）助教会议制度，让他们学会总结自己一周以来的得与失，学会就某一个问题展开讨论，厘清思路，找到方法，鼓励他们随时向教师请教。经过初一和初二上学期的长期培训，我班涌现了邹婷、黄桂兰、唐伟俊、谭丰昀、周梓豪等出色而又深受教师和学生欢迎的助教，特别是邹婷，不但在班上长期担任正助教，而且在级部里也担任了

助教协会秘书长一职。

四、助教小组评价要体现公平性、合理性

要使小组的竞争动力长久不衰，除了分好组、选好并且培养好助教外，还要在小组评价上下功夫。要建立公平性、合理性都比较高的小组评价机制。

所谓的公平性，就是要让学生真实地感受到这种评价制度公开明确，一视同仁。随着学生的成长，其自我意识和对公平感的需求也不断增强。只有建立公平的评价制度才能让评价发挥积极的作用。因此，我们班推出以小组为单位的"最优小组"评比时，充分听取了每个学生的意见，操作过程中严格按照制度执行，接受大家监督。这项制度就是学校统一制作的"分组助教竞赛评价登记表"，它成为班级管理的晴雨表，真实地反映了各个小组的课堂、纪律、作业、清洁、仪表、考试等方面的动态发展情况。谁是最优小组，讲台上就会飘扬他们组的旗子。

所谓合理性，就是要让学生体会到这种评价制度符合学生发展的需要，并且切实可行，操作起来也很便利。课堂上，我们评价小组成员是否积极回答问题，以及助教上课的水平；课间，我们评价卫生保洁情况；课堂外，我们评价作业完成情况；宿舍里，我们评价住宿纪律；假期里，我们评价小组超前学习情况。只要学生表现出来的，我们都力求建立合理性的评价制度，每建立一种评价制度，我们都会让学生自己去修正和完善它，而且让评价具有成效，这也许就是桂江一中合理性文化的体现吧。

（本文于2012年2月16日发表在《广东教学报》第1881期）

总结提升，深化改革，走出一条公立学校特色办学之路

广东省佛山市教育局副局长、教育学博士　赵银生

一、"练评讲"模式是一种融合先进教育理念的整体改革模式

"讲练评"模式是课堂教学的常规模式，但是，桂江一中对其顺序进行了调整，使之变成"练评讲"模式，契合了新课程改革发挥学生学习主体作用以及进行合作学习的精神，而且把这一教学改革与学生德育紧密地结合起来，使学生的智能提高和学者风度、领袖气质的培养结合起来，探索出一种融先进教育理念和可操作性措施为一体的创新型教育模式。桂江一中的改革是从教学方法研究开始的，然后超越教学法研究，对学校管理的很多方面进行了改革，已经触及学校的文化创新这一核心问题。整个过程学校全员参与，大家共同努力，朝着整体提高育人质量的目标迈进。这是非常可贵的一种探索，可与"洋思经验""杜郎口改革"相媲美。

二、总体提升，深化改革，走出一条公立学校特色办学之路

经过几年的实践，桂江一中逐步建立起以务实进取为特征的学校文化，促进了学生、教师和学校的发展，在这个过程中，无论是教师还是学生，都在用实际行动诠释"铸就领袖气质，磨砺学者风度"这样一个育人目标的内涵，这实际上就是在实践一种具有桂江一中特色的办学理念。

佛山市的义务教育，在努力促进高位均衡发展的同时，已经呈现出多元办学、特色办学、优质办学的良好势头。在推进教育现代化向深层次迈进的背

景下，我们主张学校要注重内涵发展，有特色、有质量、有持续发展动力。桂江一中作为公办学校，从课堂教学改革入手探索特色化、优质化的办学道路，很有意义，成功后也会很有代表性和说服力，极具推广价值。希望学校敞开大门，让兄弟单位来看一看，听取各方的意见和看法，也要走出去、请进来，到其他发达地区学习成功的办学经验，听取专家的建议和指导，总结提升已有的经验，把课题研究和教育教学改革推向一个新的高度。让改革的脚步迈得更加稳重，更加快捷，在全市的教育综合改革中发挥示范带头作用。

（本文于2010年6月发表在《佛山教育》第3期）

第三章

教改心得

语文课："练评讲"教学载着成绩与挑战远航

广东省佛山市南海区桂城街道桂江第一初级中学　刘伟华

一、在新旧观念的碰撞中启航

长期以来，语文课堂教学以教师讲、学生听为主，学生处于接受知识的被动位置，思维处于抑制状态，这种状态不利于学生素质的提高，同时课堂教学效率较为低下。"练评讲"教学法有效地把学生由被动学习状态升华到主动学习状态，激发了学生学习的内驱力。

但是要认识到这一点，并不是一件容易的事。

我们语文科组的教师达成这种共识经历了一段时间的激烈争论甚至争吵的过程。多数语文教师的观点是："练评讲教学法"适合理科，不适合语文学科。依据是：首先，课堂都让学生助教来上了，教师干什么？其次，语文要培养学生听、说、读、写的能力，课堂上做练习如何体现语文课堂的特点？再次，课堂上做练习不是使本来就沉闷的课堂雪上加霜了吗？最后，学生能把课文讲明白吗？教师激烈争论的焦点恰好体现了他们对"练评讲"教学法的理解不够准确，这刚好为我们提供了解决问题、统一思想的钥匙。我们首先组织教师认真学习"练评讲"教学法的有关理论，把问题逐个解决。首先，只看到学生的"评"和"讲"，忽略了教师的"评"和"讲"。实际上学生和教师在课堂上各负其责：学生"评"和"讲"他们明白的地方，教师"评"和"讲"学生不明白的地方。其次，只看到了"练"，忽略了"评"和"讲"。学生的"练"是读懂文章，形成自己的观点和体验的过程。学生的"评"和"讲"不仅要求学生学会听别人的观点，而且要求学生能够通过自己的分析和评判，准确表达出自己的观点，"练评讲"恰恰更好地强化了语文学科的课堂特点。再次，"练评讲"的教学模式实际上是要求教师立足学生实际设置问题，通过学生表现引出问题，从而激发更多的学生关注问题、争论问题，这刚好能够解决课堂沉闷的问题。最后，提醒每一个教师要注意课堂的角色定位，什么时候学生需要教师"讲"，什么时候不需要教师"讲"，教师得做到心中有数。其实，教师的作用就是要讲学生讲不明白的地方。通过认真学习理论，大家基本上统一了认识。

为了巩固成果，我们接下来组织全体教师上"练评讲"模式的研究课，让大家在实践中亲身体验。经过一番研究，大家的关注点发生了变化，思考的问题也由"要不要实施'练评讲'教学改革"逐渐转向"如何才能更好实施'练评讲'教学改革"。今天我们关注得最多的是语文学科实施"练评讲"教学改革过程中的一些细节问题，往日的争论似乎已经随风飘去。

要检验"练评讲"教学改革的可行性就不能停留在争论的层面上，最好的办法就是像我们语文科组的教师那样亲身实践。

二、载着成绩挑战远航

过去，语文学科一直是桂江一中的薄弱学科。当英语、物理等传统强科遥遥领先于兄弟学校的时候，桂江一中的语文科教师总是显得有那么一点底气不足。每一位语文教师都在不断地提醒自己工作要更加认真一点，每一篇课文、每个知识点都要尽量分析得仔细一点，可是结果还是事与愿违。于是，便有了那么一种怪论调："语文科拖学校的后腿不要太离谱就OK了。"

"练评讲"教学改革像一股春风，一缕阳光，给语文科组注入了新的活力。开展课题研究四年来，无论在毕业班的中考、非毕业班的街道统考，还是学科竞赛中，我校语文学科都取得了优异的成绩。可以说是一路高歌，令人振奋。四年来，语文教学改革让桂江一中学生收获了自信和潇洒。脱稿演讲、即席演讲已经成为一种校园时尚。桂韵文学社的社员们在全国报纸杂志发表文章100余篇，并于2009年和2010年连续两年被评为佛山市优秀文学社团。2007年以来桂江一中语文科组多次获得南海区优秀科组称号。

随着研究的进一步深入，我们面前也出现了新的挑战。

挑战之一：如何提高集体备课的效率？

尽管我们建立了命题、审题、用题的新型集体备课制度，规范了命题，明确了各个学科的审题要求，形成了用题的效果反馈机制。但是在具体的教学环境中，语文科组的集体备课的效率依然受到来自教师和学科管理机制方面的挑战。我们清楚地认识到，不断地提高语文教师的专业素养是一个永恒的主题。桂江一中的语文教师需要不断地学习，更新观念。桂江一中的语文科组需要借助"练评讲"教学改革的东风，探索团队合作的管理机制，切实提高集体备课的效率。

挑战之二：怎样提高助教培养效果？

分组助教管理制度的建立是"练评讲"教学改革的一大特色，助教培养是我们每个教师都关注的重要问题。尽管我们已经建立了"六层结合"的培训制度，分别从学科教师、备课组、学科组、班级、年级、学校不同层面培训助教，形成了一个良好的培训氛围，但是如何提高助教培养效果依然需要我们深入去探讨。毕竟每个助教的需要是不同的，所以因材施教是我们今后要重点考虑的问题，让每个助教健康成长是我们的期望。

"练评讲"教学改革的最终目的是培养学生的领袖气质、学者风度和公民素养。也就是说，我们语文教师要教给学生的不仅仅是知识和技能层面上的东西，我们语文课教学要关注的也不仅仅是课堂，我们需要继续努力在提高学生语文素养的同时提高学生的人文素养，继续努力开拓课堂内外相结合的"大语文"教学道路，这是我们未来的方向。

（本文于2011年10月29日发表在《广东教学报》1835期）

运用班级分组助教管理模式，推进教学创新

广东省佛山市南海区桂城街道桂江第一初级中学　唐耀和

　　班级分组助教管理模式是"练评讲"教学法的重要组成部分。全校每个班都统一把学生分成A，B，C，D，E五个小组。分组标准是按学生的各科成绩，把各层次学生平均分到每个小组，使每组学生学科成绩总体水平一致，这就是平时所说的"组内异质，组间同质"。每个小组设一个组长（正助教），一般由小组成员中各科总成绩最好的学生担任，在组员中根据各个学生学科特长各科设置一个学科助教。比如，组员甲数学成绩是小组中除组长最好的，那么甲就做小组的数学助教。在五个学科助教中抽出两个成为班上的学科代表，负责全班学科教学的组织协调工作。全班选出成绩优秀、工作能力强的两个同学担任班上的助教秘书（兼正班长）和助教副秘书。各小组在各学科的整个教学管理过程中，成为一个相对独立的组织单位。组长全面负责小组各学科日常学习和管理，各学科助教负责学科学习事务，包括课前预习准备、课堂练习、评讲、小组竞赛活动管理，课后作业收交登记，学科大测、小测成绩分析，假期小组合作学习跟踪等。

　　很多教师都喜欢运用这个模式进行教学，不仅因为它操作便利，更重要的是该模式在学科教学和管理过程中能够帮助我们有效地解决一些具体难题，促进教学改革和发展。

一、为学生学习搭建平台

　　自主学习、合作学习、探究学习是新课程标准倡导的学习方式，很多教师

对此都较为认同，也很想尝试，但一到具体的课堂环境，又不敢放手让学生自主、合作、探究了，因为担心课堂失控，担心教学效果不理想。一个班50人，如果有20人自主、合作、探究学习效果不理想怎么办？教师能在短时间内对20个学生进行一对一辅导补救吗？显然不能，即使有办法补救，最好的办法还是在全班重新讲授一次。既然都要讲，迟讲不如早讲，何必浪费时间呢？所以想来想去，最终的思路又都转回到"一言堂，满堂灌"的老路，这是一个怪圈。

采用班级分组助教管理模式上课，可以很好地解决以上问题。假设一个班有50人，有20人自主、合作、探究学习效果不理想，在我们已经按"组内异质，组间同质"进行分组的前提下，这20人必定平均分到五个小组里，每个小组就只有4人。而每个组现有6人自主、合作、探究学习是成功的，那么这6个学生帮助4个学生是完全可以做得到的，而且效果比教师"一言堂，满堂灌"要好。可见要进行自主、合作、探究学习，就意味着要学会分组，养成分组教学的习惯。君不见，现在一些所谓的课改示范课，执教者平时就没有分组教学的习惯，为了显示自己的研究课符合新理念，就临时拼凑学习小组，结果是学生既不会自主，也不会探究，更不会合作，课堂有形无神。但采用班级分组助教管理模式上课之后，小组学习天天进行，自主、合作、探究已经成为课堂常态，学生不用扬鞭自奋蹄。

二、达成小班化教学的目标

真正的小班教学是指一个班是20～30人，一个教师同时教20～30个同学。研究表明，教师的视野覆盖范围是有限的，一般不超过25人。超过这个范围，教师就会顾此失彼，影响教育教学质量。《国家中长期教育改革和发展规划纲要（2010—2020年）》指出，义务教育要逐步推行小班教学。但根据目前我国的国情和当地实际，学校在短期内还不可能普及小班教学。采用班级分组助教管理模式教学，将一个班分成五个小组后，每个小组大约只有10人，而每个小组的组长和助教充当了小教师，他们可以对小组其他成员进行辅导，每个小组成为一个相对独立的组织单位。这样，一个班就变成了五个小班，课堂上学生可以自主实践，同伴互助，发表自己的意见和看法，张扬个性。从而用另一种方式实现了小班教学的目标。

三、开发学生课程资源

在班级分组助教管理模式的前提下，每个助教小组都有优秀学生。他们不但是学习骨干，而且是教师的助手，同学的帮手，是推动小组合作争先的重要力量，在教学管理实践中扮演着重要的角色。

首先，优秀学生是小组学习的领头羊。他们的学习纪律、学习态度、学习成绩都是小组成员的榜样，他们能够带领小组成员把每日的学习任务完成好。

其次，优秀学生是教与学沟通的桥梁。他们时时同教师保持联系，刻刻同小组成员在一起学习，优秀学生知道教师要教什么，更知道同伴要学什么。他们既可以帮助教师，又可以帮助同学。事实上，他们已经成为教与学的纽带。

再次，优秀学生是教学常规管理的小管家。他们在课前，组织小组预习；在课堂上，组织小组讨论活动；在课后，组织小组复习和作业。谁落后，他们去帮扶谁；谁进步，他们表彰谁。

一个教师，水平再高，只有一张嘴，两只手。如果用班级分组助教管理模式进行教学，就可以挖掘班级的学生资源，使班级的教学实效大大提高。

四、让课堂远离单调和沉闷

课堂单调和沉闷是一种常见的教学弊病，教法落后，教师不顾及学生的需求和感受是该弊病的一个重要成因。运用班级分组助教管理模式教学，小组竞赛贯穿教学始终，这就迎合了青少年争强好胜的心理，激发了他们渴望成功、勇于竞争的课堂参与积极性。例如，有的班级的数学课课前有比赛，课中有比赛，课后也有比赛，学生乐此不疲。教师也就因势利导，让课堂朝着积极主动的方向发展。课堂单调沉闷、学生上课睡觉等现象自然也就不见了。

在四年多的"练评讲"教学法研究和实践中，班级分组助教管理模式的运用成为我们数学课的一大教学特色，并在学科成绩方面取得了长足进步。2011年7月，桂江一中数学科组被评为南海区品牌科组。

（本文于2011年10月29日发表在《广东教学报》1835期）

"练评讲"教学模式在英语课堂的运用

广东省佛山市南海区桂城街道桂江第一初级中学　刘健

"学生练、助教评、教师讲、小组赛"的"练—评—讲"课堂教学模式我们实施了三年。三年来，我们英语科组的全体教师，付出了勇气，收获了超越。

一、模式创新，让课堂突破传统

纵观英语教学法变化，经历了听说法、情景法、交际法等，但无论哪种方法，都强调"听、说、读、写"的基本训练。任何一堂英语课，必定要在听说的基础上，加强读写。但是"练评讲"教学模式似乎和"听、说、读"没有任何关系，能沾上边的只有"写"了。"练评讲"教学模式是先从"练"开始的，如每堂课先从一份练习入手，学生先做后评。让学生通过做题和助教互评，产生困惑，再由教师针对学生的困惑进行讲解、点评。整个过程以学生为中心，和传统的以教师为中心的教学模式有着根本区别。这种方法在其他学科领域或许是一种很好、也较容易实施的方法，但似乎不太符合英语教学实际需要。因为语言的学习是要通过多读、多说来获得语感，并通过情景交际来掌握单词、词组和句型的用法的。因此，教师在实施"练评讲"教学模式之初，都感到很困惑，每堂英语课一上课就先发一张随堂练习，做完后学生评，然后教师讲。在这样学生"不读、不说、不听"的英语课，学生能学好英语吗？但是随着"练评讲"研究的逐步深入，在课题组的指导下，全体英语教师共同探讨，我们挖掘了"练"的基本内涵。其实"练"强调的是亲身体验，是实践。它的形式多种多样，耳听、口读、手写、对话交流都可以是"练"的形式。传统英语课所重视的"听、说、读、写"训练，实质上就是重视"练"。"练评讲"教学法的高明之处就在于把传统英语课堂教学的"听、说、读、写"用一个"练"字概括起来。并且把课堂教学看成"学生练、助教评、教师讲、小组赛"的有机结合的过程。不仅关注"学生练"和"教师讲"，而且关注学生的同伴互助和小组合作的积极作用。可见"练评讲"教学法在传统英语教学法基础上实现了创新。实际上，在英语教学中，只强调学生多听、多读、多说、多写是远远不够的，学生学习语言的过程中，除了自主实践（学生练）之外，还需要同伴互助（助教评），教师指引（教师讲），以及合作争先（小组赛）。学生英语能力的成长过程，终究是有效的个人经验积累和有效的外部环境因素相互作用的过程。"练评讲"教学模式不仅关注了学生有效的个人经验积累，而且关注了有效的外部环境因素创建，还关注了它们之间的有效组合，从而实现了教学模式理论与实践层面上的双超越。

二、习题创新，让课堂获得新动力

针对"学生练"，我们巧妙地将"听、说、读、写"融进每一份随堂练习题里面。我们每一节课都有一份随堂练习题，每份试题都包括尝试练习、巩固练习和拓展练习三个部分的内容，分别对应识记、理解和运用三个层次的能力要求。这份练习题对于其他学科的教师来说，只需要有针对性地出笔答试题就可以了。但是对于英语教师来说，不仅要考虑教材的重难点，还要把英语学科的听、说、读、写等各项技能训练巧妙地融合在文字题里面，这对备课组的集体备课提出了更高的要求。我们根据外研版教材的实际设置练习题：以模块为单位，每个模块包括三个单元，每个单元各出一份随堂练习题。每份随堂练习题的尝试练习部分通常考查单词、词组的记忆，巩固练习部分尽量用听力的形式完成，而拓展练习部分则尽量用综合填空或作文训练学生的综合能力。经过这样的处理，随堂考练习题成了提高课堂教学实效的新动力。

三、"助教评"让课堂教学远离孤单

"助教评"的实质就是同伴互助。古人云："独学而无友，则孤陋而寡闻。"学习如此，教学亦如此。难怪在没有助教的日子里，我们的课堂教学往往陷入孤单。今天我们开展"助教评"活动，使得无论是学生还是教师都从中找到了快乐。随着学生助教制度的建立，"助教他人，快乐自己"在校内成为一种新的学习时尚。助教们从学生中来，扮演一下"小教师"角色后又回到学生中去，创新了英语交流的模式。既为英语课堂教学注入了活水，又为"教师讲"创造了前提和条件。助教既是同学的好榜样，又是教师的好帮手。师生之间的课堂交流从来没有这样轻松过，其间的快乐只有当事者才能体验得到。自从有了"助教评"，英语课堂教学再也不会是教师的"单打独斗"了。

"教师讲"，要适时而讲，适可而讲。在英语课堂教学中，教师讲得太多，历来就是通病。今天我们对教师的"讲"作出了限制，一是要求教师不要先讲，二是要求教师不要讲得太多。表面上，这是要让学生拥有更多自主学习的时间和空间，实际上是在创新人才培养模式，使学生在自主实践的基础上获得同伴帮助、教师指引，形成合作争先的成长效应。这是为人才成长而对资源进行的有效配置。课堂是一个舞台，学生才是真正的主角。教师本来就应该适时而讲，适可而讲。

四、"小组赛"成为课堂教学发展的动力

"小组赛"的实质是合作争先。课堂教学需要一种动力机制，否则将难以推进。"练评讲"教学模式的"小组赛"切合了学生的需要，成为课堂教学发展的动力。我们开展"小组赛"活动，并不把它局限在一个环节上，而是把它看作一条主线贯穿于整节课之中。这样就进一步挖掘了学生的学习潜能，调动了学生的学习积极性，使课堂充满了竞争和活力。"小组赛"能让学生收获归属感、安全感，时时增添责任感、集体荣誉感。我们发现，通过常态地开展"小组赛"，我们的课堂教学自然而然地已经拥有了一种新的动力，它像一部推动强大的发动机，一旦开启，力量无穷。

（本文发表在《广东教育（综合版）》2011年第Z1期）

加固结合点，提高"练评讲"教学法的操作实效

广东省佛山市南海区桂城街道桂江第一初级中学　彭晓凤

我们化学科组是学校最早研究和运用"练评讲"教学法的学科组之一。几年来我们从学科教学和班级管理两个角度实践"练评讲"教学法，取得了令人瞩目的成绩。但在教学实践中，我们发现，无论是"练评讲"教学模式，还是班级分组助教管理模式，似乎都很难满足所有的课堂和所有的班级的教学需要。比如，对于化学分组实验课来说，由于环境的变化，教师往往很难沿用固有的分组方法和操作方式。并且由于学科助教自身的兴趣、特长不一致，他们难于在一些特定的课堂中发挥应有的积极作用。要解决这些问题，我们需要开动脑筋，创新性地运用"练评讲"教学法，提高课堂教学和课堂管理的效果。

一、两个模式之间存在两个结合点

"练评讲"教学法是以学生先练、助教点评、教师后讲、小组竞赛为主要特征，以班级分组助教管理为依托的教与学相结合的组合运作方法。它表现为两种操作模式的有机结合，即"练评讲"教学模式和班级分组助教管理模式的有机结合；两种管理机制的有机结合，即教学管理机制和德育管理机制的有机结合。从这个定义中我们不难发现，"练评讲"教学模式和班级分组助教管理模式有两个明显的结合点，一是分组，二是助教。解决上述问题的出路，在于加固这两个结合点。

二、加固两个结合点，可以提高操作实效

怎样加固两个结合点？我从化学教学的角度，谈谈我们的一些做法。

首先，根据需要重新分组，明确小组竞赛规则。

化学课分组实验比较多，由于实验器材限制，我们已经不能够用固有的10人一个小组的分组方式进行上课，重新分组是一种比较明智的选择，否则学生将像脱缰的野马一样，无所适从。自愿组合往往会导致教师指令失灵，有禁不止，或者分身乏术，无法一一顾及。为了应对自如，我们采取了重新分组的办法，化学科代表根据班级学生的情况，按照成绩和表现进行搭配，将班级的学生分成4人一个组或者6人一个组，并明确组长和助教。教师则制订实验课小组评比细则，规范实验步骤，鼓励小组合作竞争。事实证明，打破常规，重新分组，能使实验课有序高效。

其次，根据需要灵活设置助教，加强教学专项管理。

初三化学很多内容要记要背，如元素符号、化学式、化合价、化学方程式等，这些知识要反复记忆、反复运用才能记牢。我们常常采取课前"小测试"的方法来强化学生记忆。但是课前"小测试"需要及时批改、及时反馈，工作量很大。如果当天不能够反馈，学生学习积极性就会受到打击，教学效果也会受到影响。原来每个小组有1个化学学科助教，应对课堂管理和课外作业督促还够用。但要学科助教组织"小测试"命题，并及时批改课前"小测试"，可能性不大。经过一番讨论之后，我们化学科组决定设置"小测试"助教，加强"小测试"管理。先在各班物色人选，让那些能管得住调皮学生、有威信、化学基础比较好的学生做"小测试"专项管理助教，每班2人。这样就相当于在原来的基础上另外增加了2个助教。接下来就是培训好各班"小测试"专项管理助教，以年级为单位，对各班的"小测试"专项管理助教进行管理，明确组长职责：每天预先出好3分钟的小测试题，经过化学科组长审查后印刷全年级使用。每个班级"小测试"专职助教，每节课前组织测试，并按照原有5个组收卷，及时组织小组之间交叉批改评分，然后及时公布评比结果，用这种办法督促各个小组重视课前"小测试"。这样的措施，一方面保障了"小测试"每天的正常开展，测试结果反馈及时，对后进学生跟踪到位；另一方面，又使更多的学生

走上助教的岗位，获得更多的锻炼机会。从而铸就他们的领袖气质，磨砺他们的学者风度。

"练评讲"教学法蕴含着一种育人机制，一种与"学生练—助教评—教师讲—小组赛"相对应的，以班级分组助教管理模式为依托的"练评讲"育人机制。我们姑且把这种机制称为"练评讲"育人模式。这种育人模式的重要特点之一就是它是立体式的。一方面，面向全体。在课堂教学中为学生成长创设了自主实践（学生练）、同伴互助（助教评）、教师指引（教师讲）、合作争先（小组赛）的良好条件，让学生在同伴、教师和小组的帮助中健康成长。另一方面，面向个体。在生活中不断地引导学生学会寻找自主实践的机会、寻找同伴互助的机会、寻找名师指引的机会、寻找合作争先机会，走主动发展、个性发展的成才道路。结合点的加固过程，实际上就是育人的过程。在学科教学中运用"练评讲"教学法，需要更加深刻地领悟它的精神实质。

（本文于2012年2月16日发表在《广东教学报》1881期）

思想品德课："练评讲"教学法破解教学难题

广东省佛山市南海区桂城街道桂江第一初级中学　彭锦莲

思想品德课，教师难教、学生难学似乎已经成为公认的事实。自从我们实施"练评讲"教学法后，这种情况得到了明显的改变。

一、备课，教师同伴互助：命好题、审好题、用好题

思想品德课之所以难教、难学，一个重要的原因是该学科的政策性、时事性比较强，知识点太宽泛，知识点之间很多时候没有必然的联系。可以用于理论联系实际的案例加工难度比较大。过去思想品德课教师"单打独斗"的备课方式，很难满足课堂教学中的问题（案例）设计要求。实施"练评讲"教学法之后，我们学科组建立起了"命题、审题、用题"的新型集体备课制度，很大程度上解决了政治学科教师备课上的难题，充分调动了集体的力量，使案例更加精确，教学更加有效。三年多的时间，我们学科组教师共同努力，积累了一定经验。

（一）命题三原则

一是能力层次性的原则：每一份课堂练习题都包括尝试练习、巩固练习、拓展练习三个层次，分别对应识记、理解、运用三个层次的能力要求，保护学生的学习兴趣。

二是案例精确性的原则：每一节新课都力求用一个典型的案例落实"知识与技能、过程与方法、情感态度与价值观"的三维目标，突出教学重点，突破教学难点，避免照本宣科，枯燥无味。

三是理论联系实际的原则：命题既着眼于现实生活中重大的社会热点、焦点问题，又立足于学生的认知水平。积极挖掘学生身边的社会生活事例，提炼基本知识点；积极引导学生关注国际国内大事，学会分析问题和解决问题。

（二）审题三步骤

第一步，自己审，教师对照命题原则和要求，命好题后自己检查是否符合要求；第二步，他审，自己检查确定无误后，交给备课组长审查并提出修改意见；第三步，集体审，命题人根据备课组长的意见作出修改完成后，提交备课组集体审查，集体审查通过之后，命题工作完成。

（三）用题三要求

一是学生先练，时间有保障；二是助教点评，人员有落实；三是小组竞赛，评分有记录，评比有依据。

二、上课，学生合作争先：练好、评好、讲好、赛好

思想品德课教难、学难的又一个关键点就是课堂长期以来的讲授模式出了问题。长期的教师讲、学生听成为一种教学定式，正是这种定式，让学生形成了被动学习的习惯，难教难学也就不可避免。

"练评讲"教学法的学生观认为：学生是按照一定的习惯学习的，要改变学生被动学习的习惯，最好的办法就是建立一种新的教学流程，让学生养成新的学习习惯。"练评讲"教学法在课堂上建立了"学生练—助教评—教师讲—小组赛"的教学模式，我们习惯称之为"练评讲"教学模式。这种教学模式最大的优势就是强调技能训练，情感体验，自主实践。课堂上让学生先做练习，改变了传统教学中先让教师讲解的课堂教学方式，有利于培养学生主动学习的良好习惯。学生先练，产生困惑之后，也不急于让教师讲解，而是先让学生助教点评，同伴互助，又一次地把机会让给了学生，充分显示了教师对学生学习的尊重，对学生求知欲望的呵护。特别是小组竞赛方式的引入，使得各组成员个个积极举手，人人勇于争先，这给思想品德课教学注入了活力。学生身心愉悦，课堂效果大大提高。学生学会用合作方式去竞争，用竞争的方式促进合作，难怪越来越多的学生喜欢上了思想品德课。今天，练好、评好、讲好、赛好已经成为一节好课的标准，教与学有了可共同努力的目标，加上学校对"五

有（有随堂练习题，有学生练习，有学生助教评，有教师精讲，有小组竞赛）课堂"的监控形成了制度，"练评讲"教学法不断得到加强和巩固，导致思想品德课难教和难学的一个又一个难题被师生破解。

教无定法，而又必定要有法。"练评讲"教学法无疑已经成为我们解决思想品德课课堂教学走出沉闷、寂寞泥潭，摆脱难教难学困境，开启新局面的一把金钥匙。

（本文于2011年10月29日发表在《广东教学报》1835期）

历史助教，从课堂中来到生活中去

广东省佛山市南海区桂城街道桂江第一初级中学　徐朝阳

　　班级分组助教管理是"练评讲"教学法中，同"学生练、助教评、教师讲、小组赛"的"练评讲"教学模式相互依存的班级管理模式。两个模式之间有两个衔接点，一是助教，二是小组。当我们把视线转向班级分组助教管理模式的时候，大家都会不约而同地发现，助教扮演了极其重要的角色。他们怎样产生，如何成长，毫无疑问都是"练评讲"教学法研究中的一个重要课题。我们历史学科就是从助教培养这样一个角度切入"练评讲"教学法研究的。其原因有三，一是历史学科课时少，二是历史学科内容多，三是历史教师所任的班级多。解决少与多之间的矛盾和冲突，单靠教师本人的力量显得很单薄。设置学生助教自然顺理成章地成为我们的选择。我们把助教培养作为手段和目标，实际上属于一种本能反应。三年来，我们历史学科在培养助教的实践中，积累了不少经验，收到了非常好的效果。

一、让助教从学生中来到学生中去

　　班级分组助教管理模式是助教产生和成长的基础，每个班分为五个学习小组，每个学习小组相应地要产生至少一名历史学科助教。该岗位我们一般通过动态选拔和动态管理相结合的方式产生。

　　首先是全班动员，做好宣传工作。让所有学生把握一堂好课的四个标准即练好、评好、讲好、赛好的基本内涵，熟悉课堂教学流程，明白担当助教的积极意义和学校对助教工作的勤学勤管、实学实管、细学细管、恒学恒管的基本要求。鼓励学生挑战自我，争取成为一名优秀助教，在探究、合作之中，磨砺学者风度，在助教他人的行动中铸就大气、从容、淡定、顾全大局的领袖气质。

其次是竞争上岗，走群众路线。助教的选定要综合考虑学生个人的积极程度，其他学生的认同度，教师的满意度，我们通过建立竞争上岗机制整合这些因素，让助教在良好的氛围中脱颖而出。

再次是动态管理，进退自如。我们历史学科与其他学科不同的地方在于，我们更换助教相对比较频繁，是做不好要换，做得好也要换。这是一个人才培养策略，目的就是让人人都有机会当助教。我们让所有学生都明白，得到了机会，做得不好，需要自动请辞，把机会让给别人；得到了机会，做得很好，说明自己有能力培养接班人，为了接班人的成长，自己得主动让位。历史学科虽然知识点多，内容繁杂，但是并不深奥。学生只要有心，人人都可以当好助教，这是我们的学科优势。正是这一学科优势为我们的动态管理提供了便利条件。助教们很容易从学生中来，也很容易回到学生中去。尤其是在复习阶段，我们索性放开手脚，让成绩暂时落后的学生人人当助教，个个上讲台。学生都知道，助教评讲时候的错误越多，大家收获越大，因为看过不如做过，做过不如错过。在激烈的争论中，学生不但巩固了历史知识，而且收获了学者的风度和领袖的气质。"学生—助教—学生"，我们的历史助教从学生中来，又非常自然地回到学生中去。这一来一回之间，让他们多了一种角色意识，多了一份引领他人、成长自己的责任。

二、让助教从课堂中来到生活中去

课堂是助教成长的主要环境。他们得学会上课，主持"学生练"、"助教评"甚至"小组赛"的教学环节。要想拥有良好的课堂表现，他们需要磨炼自己三个方面的能力。一是很好的思考力，学会多角度思考问题，能一分为二地评价历史人物。二是很好的执行力，知道怎样组织课堂，怎样激励同学，怎样配合教师。三是很好的表达力，不仅能够准确地表达自己的观点和主张，而且能够有效地评价同学的观点和主张。经历过助教体验的学生，他们明显感受到，这是一条不同寻常的成才道路。

　　助教们需要向教师学习至少两种技能。一是超前学习的技能，像教师那样学会备课。二是提出问题和解决问题的技能，像教师那样学会命题。助教备课我们习惯称之为"超前学习"，目的是把它同教师备课区别开来。为了很好地应对课堂中的"助教评"和"小组赛"环节，争取有一个比较好的评价，助教们养成了超前学习的习惯，把很多问题设想在先，有时候还得提前请教教师，我们常常借助助教们"超前学习"的东风进行个别指导，包括如何引导同学回答问题，如何控制时间和节奏，如何及时打断话题建立新的连接，等等，让他们心中有数。这也为我们的助教培养计划中的"课中的指导"和"课后点评"做好了铺垫。

　　为了更好地培养助教，我们除了让助教体验备课之外，还尝试让他们出一些随堂练习题和单元测试题。在我们固有的观念里，认为让学生出题、改卷是教师不务正业，是教与学的本末倒置的"瞎折腾"。自从开展班级分组助教管理研究后，我们学科组认为，备课、上课、命题和评卷都不应该成为教师的专利，这个过程实质上也是一种行之有效的学习方法，学生也可以试一试。根据历史学科特点，我们进行了大胆尝试，让助教负责出随堂练习、单元测试题，并负责组织成绩落后的学生一起批改的系列命题和评卷活动。大家惊奇地发现，有些学生出题的角度比教师还要新，水平也不比教师差，真是"青出于蓝而胜于蓝"。通过出题，学生提升了思维水平，培养了历史素养，从而为学生的终身学习打下了良好基础。通过评卷，帮助了一些历史成绩落后的学生再次对知识进行梳理，使他们感受到同学和教师对他们的信任和支持，从而进一步激发了他们学习历史的兴趣和信心。

"练评讲"教学法在音乐教学中的运用

广东省佛山市南海区桂城街道桂江第一初级中学　钟福英

"练评讲"教学法的最大优势就是注重学生的亲身实践与体验，鼓励学生勇敢尝试。这与音乐课的教学要求相吻合。同时，"练评讲"教学模式和班级分组助教管理模式学校的每个学生都比较熟悉，所以我们音乐课运用起来也非常便利。

一、"练"：吹拉弹唱，今天我是演员

文化课的"练"基本上是做练习题，我们音乐课的"练"则是以吹拉弹唱的练习为主，每节课我们都以表演的方式来推动课堂上的"练"。我们习惯上称之为课堂"音乐会"。学校全面普及了竖笛吹奏和口风琴吹奏，要求每个学生至少学会其中一种吹奏。加上部分学生在课外学习了其他器乐的演奏，所以每一个班级都能够做到吹拉弹唱相结合的演奏。每节课，我们的学生助教都会安排场吹拉弹唱表演，短的十分钟，长的有时可以达到二十几分钟。长期坚持下来，学生无论在演奏技巧上还是个人自信心方面都得到了很好的锻炼和提高。一批批学生音乐助教也在"小教师"的岗位上茁壮成长。特长学生发挥特长的空间也随之拓展了。我们学校音乐人才很多，同我们这样的课堂机制是分不开的。从这个意义上讲，我们的"练评讲"教学模式也是种人才培养模式。

二、"评"：你说我说，今天我是评委

"评"这一环节，是学生最喜欢的环节。每当学会唱一首歌或演奏一首曲目的时候，学生都会分组练习，进行PK活动。这样，"评"就成了一个不可缺少的环节。人人都有机会由助教挑选成为小评委，我们习惯在课堂"音乐会"中每次选4个学生做评委。被选上当评委的学生会格外的自豪。能够当评委不是一件容易的事情，需要平时具有良好的表现或者音乐特长比较突出才会被大家认可。当然我们有一系列的积分奖励机制，只要学生主动上台表演或回答问题都会进行个人或小组记分，平时个人积分达到90分的，期末可免考并荣升为小评委。

三、"讲"：大小教师同台授艺

除了教科书的内容，我们学校还增设了器乐课（竖笛与口风琴）与表演课。尤其是器乐课，教师在教授完一首曲目后，全班50多个学生不一定百分之百都能在课堂中完全掌握好该曲目的演奏，因为教师"讲"的作用是有限的。这个时候小教师的角色也非常重要，他们可以帮助教师分担课堂的辅导工作。小教师是通过竞岗选拔的，我们习惯采用一帮三的帮辅形式，开展课堂内外的同伴互助。

四、"赛"：我为小组争光彩

我们音乐课的"赛"并不是一个独立的环节，而是贯穿于整个课堂的始终。每节课都开展小组竞赛，每个学生都有为小组增加得分的机会。这样一来课堂气氛就比较好，学生间的竞争往往比较激烈，每一个人的得分既是小组的也是自己的。怎样竞争，怎样合作，学生能够作出正确的选择。学校统一将每个班分为五个小组，每个小组相对比较固定，我们音乐课也是尽量用好这种分组方式。实际上，教师可以设置不同的评比内容对各个小组进行调控，让每节课产生的优胜小组有所不同。这种调控需要考验教师的教学智慧和教学艺术。

五、音乐协会：文艺活动我做主

班级分组助教管理模式不仅给音乐课堂教学带来活力，也给我们音乐课外活动的开展提供了借鉴。我们把这一模式运用到音乐协会建设当中，也取得了很好的效果。我们把音乐协会分为五大部门：舞蹈部，声乐部，礼仪部，语言部，器乐部。每个部门都由正副部长（正副助教）主管。我们让这五个部门的干部自己讨论制定工作目标和评比细则，以一个学期为阶段开展部门竞赛。在学校的各种大小型文艺活动中逐步放手，让他们来组织。这样一届一届地衔接，学生培训学生，高年级带动低年级，取得了非常显著的效果。今天我们学校的各种文艺活动都全部由音乐协会来组织和承办，教师已经退居二线。

（本文发表在《广东教育》2011年第Z1期）

体育课如何运用班级分组助教管理模式

广东省佛山市南海区桂城街道桂江第一初级中学 陈兆宁

中学生非常喜欢体育，但往往就不喜欢体育课，根本原因就是学生喜欢自主性比较强的体育课，不喜欢被动性比较强的体育课。他们对教师的限制心理上有抵触。那么，有没有办法解决这个问题呢？答案是肯定的。几年来，我们学校进行教学改革，推行评讲教学法。这种教学法有两个基本模式，一是"学生练—助教评—教师讲—小组赛"的练评讲教学模式，二是班级分组助教管理模式，两者从不同的侧面切入教学，相互呼应。我们体育课教学侧重从班级分组助教管理的角度切入，力求班级教学和班级管理两者协同一致，提高课堂教学实效。

一、什么是班级分组助教管理模式

什么是班级分组助教管理模式？我们把那些愿意当教师助手又愿意为同学服务的"小教师"叫作学生助教或者助教。为了更好地发挥学生助教的作用，充分调动学生助教的能动作用，我们把每一个班级分为5个助教小组（学习小组），每个助教小组设正助教（兼组长）1人，副助教（也叫学科助教）多人。这种班级分组助教管理模式，是班级学生自主管理的一种有效方式，它与"学生练—助教评—教师讲—小组赛"的"练评讲"教学模式相呼应，构成"练评讲"教学法整体。

二、体育课怎样运用班级分组助教管理模式

（一）建立分组助教管理的分组机制，鼓励学生自主管理

为了减轻体育课分组管理的压力，我们基本上沿用班级已经存在的分组方式，把每个班分成5小组。每个小组都有1位体育学科助教，相当于体育委员。每个小组的体育助教轮流担当体育课的总值。每节课都有5名学生助教组织课堂活动。每节课的训练内容教师交代清楚之后，就基本上由学生助教带领各自的小组去完成。这样学生就拥有了很大的自主管理权限，学生学习变被动为主动，学习积极性自然就高涨起来。

（二）建立分组助教管理评比机制，鼓励学生合作争先

分组助教管理机制建立之后，为了保证课堂教学的严谨和高效，需要制订"体育课班级分组助教管理评价表"，让每一个学生都明白合作的意义和竞争的目标，引导学生学会运用小组合作的方式去竞争。体育课班级分组助教管理评价表见表3-1。

表3-1

项目	评价内容	综合评价结果（优、良、合格、差）
准备充分	1. 组织队形队列 2. 考勤、仪表、器材检查情况 3. 热身的纪律、形式、运动量	A组 B组 C组 D组 E组
训练到位	1. 训练有序 2. 动作规范 3. 团队合作 4. 帮扶良好	A组 B组 C组 D组 E组
总结反思	1. 组织队形队列 2. 器材整理 3. 小组总结反馈	A组 B组 C组 D组 E组

（三）建立分组助教管理的运作机制，让学生养成自主管理习惯

1. 强化安全常规，让学生养成安全运动习惯

课前要求学生要穿好运动服、运动鞋，提前3分钟在课室门前排好队伍，有序地走进运动场。轮值的体育助教（当天体育委员）要把队伍带到运动场指定位置，按照5个小组排好5列。各小组体育助教要检查人数，向值日的体育助教汇报情况。然后各组在指定的位置放好钥匙等坚硬物品，身体不适的学生请假坐在指定位置观看。接着教师强调运动的安全常识和注意事项，要求全体学生服从体育助教指挥。

2. 强化热身常规，让学生养成做热身运动的习惯

为了培养学生做热身运动的习惯，我们设计了一个相对稳定的流程，即"集队—点名—分组慢跑400米—集队"。慢跑强调遵循由慢到快的规律，保障基本队列整齐有序。学生养成了这样一个习惯，体育课教学的准备活动就基本上不用教师再操心，学生能自然按照流程运作起来。

3. 强化分组训练常规，让学生养成分组训练习惯

当学生组织课前准备工作已经很成熟的时候，就要及时加强分组训练。分组训练的内容、时间、地点由教师亲自交代和安排，由5个小组的体育助教具体组织实施。分组训练的时间一般不超过20分钟，地点的安排必须保证在教师的视线范围之内。比如后蹬跑、跳绳、立定跳远、高抬腿跑、向后前脚掌蹬跳、加速跑等，这些项目的分组训练时间都在20分钟内完成。学生训练时，由各组体育助教直接管理，发现技术动作差的学生，他们要指派学生进行个别辅导，直到学会。当天值日的体育助教（体育委员）负责对各组的训练情况进行巡查和评价。

4. 强化总结反馈常规，让学生养成小组反思的习惯

每节课都要依据"体育课班级分组助教管理评价表"的情况，进行总结，评出1个优胜的助教小组并进行表彰。没有取胜的小组，要求小组的体育助教对自己小组的课堂表现进行反思，找出问题所在，提出下一步的努力方向。同时每个小组都要表扬一两个表现好的同学。教师要对5个小组的体育助教的课堂表现进行点评，指出他们课堂管理的优势和不足。因身体原因，请假在一旁观看的学生往往被邀请为观察员，他们观察细致，评点到位，很受同学们欢迎。

长期坚持这样做，学生对课堂总结反馈就会充满期待，使反思成为一种自觉行为。每节课，我都会用欣赏的眼光看待学生，用期待的话语激励学生。通过几年的坚持，我渐渐悟出其中的道理：学生自主，带给教师自信；课堂自主，带给体育课快乐。

三、收获与感想

2009年9月—2010年8月，我们在初一年级的6个班进行实验，以实验前（初一入学后）测试成绩的年级平均分为基准，观察实验效果。测试项目为200米跑，仰卧起坐。均按照佛山市中考体育考试评分标准记分。一学年进行了五次体育考试成绩对比，结果如下：

2009年9月12日，实验前测试，全级平均分57.2分，"班级分组助教管理"实验班6个班平均分58分。

2009年12月17日，实验后阶段测试，全级平均分65.3分，"班级分组助教管理"实验班6个班平均分68.7分。

2010年1月19日，实验后阶段测试，全级平均分60.3分，"班级分组助教管理"实验班6个班平均分65.0分。

2010年4月15日，实验后阶段测试，全级平均分78.1分，"班级分组助教管理"实验班6个班平均分81.6分。

2010年6月9日，实验后阶段测试，全级平均分86.1分，"班级分组助教管理"实验班6个班平均分89.6分。

通过以上成绩对比情况，可以从一个侧面窥视"班级分组助教管理"的积极效应。

实际上，我们单纯用体育测试成绩来考量"班级分组助教管理模式"的运用效果是很不全面的。体育教学最重要的是要培养学生科学健体的运动习惯，提高学生学会运动的自主实践能力。要达到这样的目的，改革体育课的教学方法，让学生乐学是值得探讨的重要课题。班级分组助教管理模式在体育课教学中的运用，让课堂"乐"起来，无疑是一种积极的有效的探索。

（本文于2012年2月16日发表在《广东教学报》1881期）

美术课教学："练评讲"教学法带来了便利与快乐

广东省佛山市南海区桂城街道桂江第一初级中学　张建辉

"练评讲"教学法是"练评讲"教学模式和班级分组助教管理模式的有机结合，美术教学中运用这种教学法给教师带来了便利，给学生带来了快乐。

一、优秀小组争夺战被提前打响

美术教师都碰到过这样的情况，就是上课的时候总是有同学不带齐美术工具和材料。比如学习中国画，学习课前要准备毛笔、墨汁、宣纸、画毡、画桶等；学习手工制作，课前要准备卡纸、胶水、剪刀等，然而经常有学生忘了这个，忘了那个，也有的学生嫌麻烦，自己不带，总想到时再向同学借。如果类似的问题得不到解决，那么美术课就达不到应有的效果。这大概是每个美术教师都不得不面临的不大不小的烦恼。

现在我们实施了"练评讲"教学法中的班级分组助教管理模式，每个班都有五个组，每个组都有正副助教，每节课的每个环节都要进行分组竞赛，课堂上的事务都会有助教来管理，课前准备成为各助教们组竞赛的一个重要环节。所以以前的那些不大不小的烦恼也就自然不用教师操心了。更可喜的是现在的课前准备已经不只是停留在工具和材料上了，还包括有许多预先设置的问题和答案。每个小组都会调动小组成员的积极性，靠集体力量，群策群力，提前开展优秀小组的荣誉争夺。

二、快乐从课堂到课外

传统的美术课，往往是教师讲得过多，就连美术欣赏课都不例外。"练评讲"教学模式遵循"学生练—助教评—教师讲—小组赛"的基本流程，把课堂的主动权让给学生，鼓励学生进行自主、探究与合作的学习。这样，课堂气氛就会变轻松和愉快。比如，欣赏荷兰画家梵高的《向日葵》这幅作品时，学生有很大的想象空间和时间，有的学生说他看到画面上的向日葵像一个个小太阳，给生命以温暖；有的学生说他看到画面上有一些快枯萎的花朵，说明新陈代谢是自然的规律；有学生发现，屏幕上展示的《向日葵》作品与课本上的《向日葵》作品虽然很相像，但其实不是同一幅作品。看来，学生是有心人，他们不仅善于发现美，而且善于把美传递给大家。

"练评讲"教学模式和班级分组助教管理模式的有机结合，调动了学生学习的积极性和主动性，自我实现成为他们乐观进取的动力。他们主动把美的感受和快乐的体验延伸到课外，现在班级和学校的各项美术活动，都活跃着学生的身影。班级的板报制作，让班级增彩；摄影作品展、书法作品展，让校园增辉。从而让快乐美术成为校园的一种文化风尚。

（本文于2012年2月16日发表在《广东教学报》1881期）

"练评讲"教学实践中应避免的几种失误

广东省佛山市南海区桂城街道桂江第一初级中学　许晓

"练评讲"教学模式是"练评讲"教学法的课堂操作模式,其运用效果好不好,要看教师。如果能注意细节,不断改进,使各个环节都落到实处,那么这种模式就能充分发挥它的优势;如果只求形式,马虎应付,或是一知半解,不愿深究,那么这种模式就可能显示不出它的长处来。在"练评讲"教学实践中,我们看到同一种模式的运用可能会有不同的效果,这是为什么呢?究其原因,是某些"失误"惹的祸。

失误之一:练习题多而滥

语文课本中的课文,虽说只是教学材料,但涉及的知识往往比较庞杂,而且随便节选一些内容就可以出题,反映到随堂练习中,最容易出现的问题就是练习题又多又滥。比如,七年级上册的《春》,有的教师会感觉修辞方法、描写角度、描写顺序、遣词造句,哪点都不想割舍;开头、结尾、中间的"五幅图",哪里都值得一练,据此设计的练习题肯定是三四节课也完成不了的。

我们每个课时的随堂练习题都要求当堂做完并评讲,既然这样,我们就必须有取有舍。比如修辞方法,在前面的《紫藤萝瀑布》中作为重点训练过了,在《春》中就可以省一点时间;《春》的"五幅图"具有共通的地方,不必一一详细反映在练习中,可抓住其中最具代表性的"春花图",通过练习和评讲,让学生学习朱自清的写景艺术,其他几幅图只需要略略带过。

为了提高课堂效率,每一份随堂练习题都应该目标明确,有主有次。我们可以根据每篇课文的特点，确定不同的训练目标和训练重点。同样是小说，除了体会作者的情感外，《爸爸的花儿落了》可把训练重点放在线索、插叙和伏笔上，《最后一课》可放在人物描写（包括细节描写）和环境描写上。

失误之二：评不出所以然

跟一些理科科目比起来，语文可能更少一点科学性和必然性，而更多一点主观性和不确定性。因此，我们可以想象语文科的助教工作并不容易完成。

《蚂蚁和蝉》阅读练习中有这样一道题：文章运用了什么手法，突出了蚂蚁的勤奋和蝉的懒惰？全班几乎所有人都答了"拟人"。这篇文章选自《伊索寓言》，用了拟人手法不会有错啊，助教说出的答案却是"对比"，大家很疑惑，助教也解释不清楚。其实很简单，拟人的作用是"生动形象"，而对比是"强调突出"，问题的关键就在题目中的"突出"二字。只是助教没有联想到这两种手法的本质区别，也看不到出题者的意图是什么。

助教毕竟还是学生，有时会看不到问题的本质，有时会忽略题目中的关键字眼。作为教师，在平时培训助教的时候，就要教会他们应对的方法，让他们对知识能够融会贯通、举一反三。如果助教在评讲时还是出现了问题，教师应及时指点，消除助教和其他学生的疑惑，不能坐视不理。

失误之三：讲得随心所欲

"讲"是"练评讲"模式中教师必须亲自做的一环，也是画龙点睛的一步，教师究竟应该讲点什么呢？"要讲学生所不能讲"，学生不能讲的又是什么呢？这是我们每节课都要认真思考的问题。

记得曾听过一节《骆驼祥子》的欣赏课，到了"讲"的环节，教师就说《骆驼祥子》已拍成电影，有空大家可以找来看一看，然后还说了几句自己对电影的感受。这一番话给人的感觉是"不说也罢"。这一课的难点其实是可以预见的。由于生活时代的差异，学生很难把握祥子这个人物形象，很难读懂小说中大段的景物描写，这一问题在前面的"练"的环节中也暴露出来了。如果教师能抓住这些难点来讲，就会让整节课增色不少，学生的收获也会更大。

在备课的时候，我们要设计好自己讲什么，在课堂上还要根据学生练习和评讲的情况，进行相应的调整。我们要讲重点，讲难点，讲方法，讲规律，要讲出学生达不到的高度和广度，不然，我们跟助教就没什么两样了。

失误之四：赛只讲求形式

在听课的时候，我们经常发现这样的情况：虽然助教在黑板上"分组竞赛公布栏"中记录了小组竞赛的得分，但有的助教忘记了统计，有的助教忘记了公布获胜组，有的助教记录不全面。此外，还有一些竞赛规则不明确的现象，导致竞赛结果不公平，得不到大家的认同。

竞赛组织得好可以大大调动学生的积极性。我们不能有"赛"就行，随便怎么赛都没关系，也不能赛完就算，在赛后也没有相应的奖惩，甚至连口头的表扬都没有。这样久而久之，学生的热情就没有了。

有的教师课堂上会让学生"赛好"，每次赛后都会公布获胜组别，并设置相应的奖惩。每周还会再统计一次，得分最低的组要表演节目。在排练节目的过程中，组员之间又加强了团结，下一周会更加努力"雪耻"，从而形成一个良性循环。

失误之五：助教使用不当

助教经过我们反复地培训，能力自然是比较强的。有的教师在使用助教中尝到了"甜头"，不自觉地无限放大了助教的作用，课让助教备，课堂上从头到尾都让助教来撑场，教师有时只做一个无关紧要的小结，有时只挑一两道题评讲一下，教师变得无事可做，这无疑是对助教的过度使用。

有一次公开课，讲课的助教可能有点紧张，或者准备不足，讲着讲着就有点乱了，任课教师见状就拿过话筒，自己讲了起来，这突如其来的举动让助教不知所措。事实上，我们很容易犯这样的错误，就是对助教不放心。每次上课前，我们总是千叮万嘱，唯恐助教有所疏漏；当助教稍有停顿，我们就急忙插嘴；当助教发挥不是很好时，我们可能就会忍不住夺过话筒。

对助教的使用要恰到好处，过与不及皆不可。过了，助教就有完全代替教师之嫌，教师失去了应有的作用；不及，助教的作用则得不到充分发挥，他们的积极性得不到提高，教学效果也会受到影响。

　　"练评讲"教学模式是基于学生怎样学、教师怎样教而设计的课堂操作系统，学生练、助教评、教师讲、小组赛环环相扣，师生分工合作，责任非常明确。这个"系统"的操控者——教师，要注意更新教育观念，加强集体备课，加强助教培养，学会课后反思，避免出现上述失误。

（本文发表在《广东教育》2012年第Z1期）

紧跟课改步伐走科研兴校之路

——桂江一中练评讲教学改革评点

广东省教育厅教研室副主任　谢绍熺

桂江一中的"练评讲"课题，着力培养学生自主学习、合作学习、探究学习的习惯，从源头上真正减轻学生负担，让学生快乐成长，在达成知识、能力目标的同时，达成情感态度价值观目标。符合新课程的理念，取得了初步的成效，值得肯定，也值得推广。

桂江一中从校长到教师都有正确的科研认知，他们做课题不是为了"点缀"和"装饰"门面，也不是仅仅为了评聘职称和晋级晋职。而是为了构建教育教学新模式，创建学校品牌，引领教师专业成长，促进学生自主发展。所以选择的课题是来自学校教育教学的重点难点，组建的团队是"专家＋教师＋学生"的全员式的队伍。

桂江一中"练评讲"课题，以新课程的先进理念为指引，高屋建瓴，遵循学生学习的思维活动规律，依据建构主义学习理论，形成正确的方案指引改革，完善校内制度的建设，给学校带来了深刻的变化。正如桂江一中教导处唐副主任说的，它让教学管理和评价制度发生了改变。实行班级分组助教管理，催生了与学生会并行的"助教协会"；让学生先练先评，教师后讲的课堂操作规范和相应的监督机制的建立，不仅使教师个人备课和备课组集体备课方式发生改变，还使评价制度发生改变。从更深的层面上讲，桂江一中正在建立一种人才培养的新模式——一种既能够让学生快乐发展，又能够让学生快速发展的人才培养模式。

　　桂江一中的教育人在正确的科研认知的基础上，形成了严肃、严谨和严密的科研态度，以科学性与规范性的科研行为，扎扎实实搞科研，长期跟踪，全面推进，系统研究，既有全面的簿记数据，又有生动的个案学生追踪分析。其效果必定是显著的、广泛的，以及可信的。初三级级长齐教师就谈道："经历了三年历练的2010届学生无论是中考，还是参加数学竞赛、物理竞赛，成绩都居南海区前列。我在学校档案看到，学生的成长进步不仅体现在学科学习，更体现在综合素质上，在他们身上洋溢着公民风范、学者风度、领袖气质，他们参加体育竞赛、体育中考，以及参加信息技术创新与实践活动、参加艺术展演也都取得优异成绩。跟着学生成长的步伐，教师、学校也在成长。云浮、江门、阳江、肇庆等地的学校和教师纷纷前来参观学习，与他们交流切磋，就是明证。"

　　桂江一中的"练评讲"课题跟课改的目标要求是一致的。我们希望，我们省所有的学校都能像桂江一中那样，紧跟课改步伐，走上科研兴校之路，构建教育教学新模式，创建学校品牌和特色。

（本文于2011年10月29日发表在《广东教学报》1835期）

第四章

教学案例

七年级语文上册"紫藤萝瀑布"课堂实录

广东省佛山市南海区桂城街道映月中学　朱红妹

本节课由两名学生担任执行助教，以下简称助教A和助教B。

教师：今天我们将学习的《紫藤萝瀑布》是一篇语言精美的散文，需要我们充分地朗读和品味。下面我们要通过一个赛读的任务来比一比哪个小组朗读得最好。下面请助教A展示PPT。

任务一：赛读感知

助教A：请大家认真阅读屏幕上的赛读要求和点评规则。一会我们将抽取三个小组进行课文朗读，未抽查到的小组听读课文进行整体感知并进行点评。点评的同学可从朗读是否整齐、准确等方面进行点评，点评中明确指出一个优点或者不足即可加1分。

助教B拿出抽签卡，抽中第1组、第6组和第7组进行朗读。三个小组分别朗读了课文1～6段、7～9段、10～11段。

助教A依次请第2组、第3组、第4组和第5组代表从朗读的质量、小组的参与度和配合度等方面进行点评。

教师：请同学们标注好这几个学词的读音——"迸""帆""穗"，"枯""伶仃"，另外还有这几个词大家读写的时候也要注意——"忍俊不禁""伫立""盘虬卧龙"。除了整齐、大声和准确，在读的时候还要注意情感和节奏。比如第一部分应朗读轻快活泼些，第二部分朗读要放慢语速，读得低沉一些，第三部分则要加快语速，读得略激昂一些。

助教B：（在准备好的表格上记录各小组参与点评时的得分，并按照朗读质量和听读小组的好评度两个方面对赛读小组进行综合打分。）本次任务前三名分别是第7组、第6组和第2组，第3组和第5组还要加油。

任务二：自读设疑

教师：通过刚才听读课文，大家对"紫藤萝瀑布"已经有了初步的认识，但这与我们印象中的瀑布一样吗？对于课文中的"紫藤萝"和"瀑布"，你是否存在疑惑呢？下面请同学们以小组为单位，自读课文，围绕题目与内容中的"紫藤萝"与"瀑布"，提出有分析、解答价值的问题。每个组员必须提出一个问题在组内进行分享，由组长筛选出最有代表性的两个问题，整理到提问卡上。凡是有价值的问题均可获得加分，提出的问题被选为本节课解答的可双倍加分。所提问题符合屏幕上的三个标准才可得分。限时5分钟。

助教A通过PPT展示三个标准：①问题的表述。表述明确简洁，体现出阅读后的真实困惑。②问题的指向。立足于课文的具体内容，向课文的情感与主旨探求，不拘泥于某一词句的解释与赏析，也不寻求模糊空洞的答案。③问题的范围。围绕有关紫藤萝花的形象、瀑布的内涵、文章的思路与写法提出问题。

各小组分别迅速围成一圈展开讨论，组长组织组员依次发言。（讨论非常热烈，教师到各个小组巡视并纠正个别不切合要求的提问。）

各小组长对组员提出的问题进行评价，并听取组员意见，最终筛选出两个问题填写到提问卡上。五分钟后教师回收提问卡并投影展示。

教师：首先来看第1组的问题，问题一是"为什么要用'紫藤萝瀑布'作为题目"，同学们觉得这个问题有没有价值？

第3组4号同学：有价值，这是考察对文章题目的理解。

教师：很好，这个问题既考察了对题目的理解，又能引出对文章内容和主旨的思考。我们再看问题二，"为什么第一个自然段和最后一个自然段中的句子相反"，这个问题的表述有点不清晰。这组同学想要表达的应该是"为什么第一自然段写'停住了脚步'，最后一个自然段又写'加快了脚步'"，对吗？（教师看向第1组，第1组同学纷纷点头。）那这个问题值得思考吗？（学生有些点头，有些摇头，不是很确定。）

教师：这组同学抓住了两个非常关键的句子，理解了这个问题也就理解了文章的主旨，所以这个问题非常有价值，第1组先加5分。我们来看第2组的提问，问题一，"为什么文中说要藤萝像一条瀑布"，有价值吗？

第5组3号同学：我觉得有价值，因为藤萝花和瀑布是不一样的事物，这个问题可以让我们思考它们有什么相似的地方。

教师：的确如此，这个问题能引导我们思考"紫藤萝瀑布"的内涵，也是很有价值的。我们看看问题二，"文中为什么以'我不觉加快了脚步'作为结尾"，这个问题跟第一组的问题类似，也是有价值的，所以第2组加6分。我们来看第3组的提问，问题一是"为什么说压在我心上的关于生死的疑惑关于疾病的痛楚"，这个句子是个病句。问题二是"作者为什么把花和人都会遇到各种各样的不幸"，这个句子似乎还不完整。太遗憾了，因为表述混乱我们看不出这两个问题是否有价值。我们来看第4组的问题，问题一是"为什么第一段说'我'停住了脚步"，问题二是"为什么最后一段说'我'加快了脚步"。这组同学太聪明了，把第1组的一个问题拆分成了两个，但是表述都不太规范，所以只能加3分。大家接着看第5组的提问卡，问题一跟前面小组是一样的，问题二是"读完课文，你有什么启示"，这个问题提得很有套路啊，大家觉得可以加分吗？

第7组1号同学：我认为不能加分，因为这个问题放到哪一篇文章都可以问。

教师：赞同你的观点，这个问题提得太笼统了，如果能结合课文具体内容再提出会更恰当。所以第5组只能加3分。再看第6组，很遗憾，他们的问题还没写完，速度还要加快才行。最后看第7组的问题，他们的问题一是"紫藤萝和瀑布有什么关系"，这个跟第2组的问题一类似，探讨花和瀑布的关系。问题二是"作者在哪里看到紫藤萝"，这个问题有价值吗？请第6组4号同学回答。

第6组4号同学：我觉得这个问题没有解答的意义，因为解答了对我们学习课文也没有什么用啊。

教师：看来同学们还是很有判断力的。第7组加3分。同学们提的很多问题都很有价值，但由于时间关系，这节课我们只能解答两个最有代表性的问题。有两个问题同学们提问的频率最高，我们将继续讨论解答这两个问题，一是课文为什么将紫藤萝比作瀑布，二是为什么一开始"我"停住了脚步，后面又加快了脚步。请助教A将这两个问题写到黑板上，并给提到相应问题的小组再加2分。

助教B记录本环节各小组得分。

任务三：品读答疑

各小组迅速围成一圈，讨论教师刚才筛选出的两个问题，统一意见后选定发言代表。在讨论过程中组内指定一名同学将统一的意见记录到课堂练习本上。教师走下讲台巡视。

助教A：（拍掌示意时间已到）好，请同学们回到座位。刚才的提问题环节，第3组和第6组得分落后，我们优先给这两个小组解答的机会吧。请第3组回答第一个问题，为什么作者将紫藤萝比作瀑布呢？要结合课文的具体语句来回答。

第3组代表：因为紫藤萝和瀑布有相像的地方，课文中"从未见过开得这样盛的藤萝，只见一片辉煌的淡紫色，像一条瀑布，从空中垂下，不见其发端，也不见其终极"写出了藤萝和瀑布一样，很长。

教师：也就是说，课文把紫藤萝比作瀑布是因为他们形似，对吗？那这样比喻只是写出了紫藤萝花"长"的特点吗？

（教师PPT展示一张紫藤萝和一张瀑布的图进行对比，学生"哇"地叫出了声，纷纷说太像了。）

助教A：请第5组派代表补充或点评第3组的回答。

第5组代表：我觉得第3组回答得还不够准确，应该是写出了紫藤萝花开得很盛，充满生机。课文中"仿佛在流动，在欢笑，在不停地生长"写出了紫藤萝因为开得盛，看起来就像水一样可以流动，这一点跟瀑布也很像。

教师：回答得太好了，我们给第5组送上掌声。课文第1～6段重点描写紫藤萝花开得盛和有生机，除了刚才两位同学的举例，还有其他句子特别突出花的繁盛和生机吗？请读出来。

第3组代表：花朵儿一串挨着一串，一朵挤着一朵，彼此推着挤着，好不活泼热闹！"我在开花！"它们在笑。"我在开花！"它们嚷嚷。

教师（笑）：同学们都找得很准啊，但是还没有读出生机来，比如笑着说话会怎样，嚷嚷又是怎样，应该读得轻快活泼一些，再来读一次。（学生又将刚才读的句子读了一遍，这一次学生加快语速，读得生动了很多。）

教师：这次读得很好。现在请同学们再思考一下，作者将紫藤萝比作瀑布，仅仅是因为二者形似吗？或者说紫藤萝的生机除了表现在外在的花的"多"和"密"上，还有没有表现在其他地方呢？我刚才巡视听到第1组的同学好像有不同的意见。请第1组派代表回答。

第1组代表：课文最后一段"花和人都会遇到各种各样的不幸，但是生命的长河是无止境的"也写出了紫藤萝很有生命力，像瀑布一样不会断绝。

教师：那这里花的不幸是指什么？生命力又是指什么？

第1组代表：花的不幸是指十多年前的紫藤萝被拆了改种果树，花的生命力是指紫藤萝现在又开花了，而且开得很盛。

教师：回答得很好，请坐。这组同学找到了花和瀑布的另一个相似点，花谢又花开，花的生命是无止境的，所以花和瀑布不只是有外在的形似，还有内在的——（教师停顿）

学生异口同声：神似！

教师（笑）：同学们概括得非常准确！所以作者把紫藤萝比作瀑布是有深意的，因为二者不仅外形相似，而且意义相关，这样的比喻既形象生动地写出了紫藤萝生长繁盛的特点，又点明了生命的长河是永无止境的主旨。这是我们对第一个问题的分析。我们再来看第二个问题，为什么一开始"我"停下了脚步，后面又加快了脚步。请第6组代表回答。

第6组代表："我"停下脚步是因为看到花开得很盛，加快了脚步是因为看到花遇到不幸后又开花，"我"受到了启发。

教师：这个启发是什么呢？

第6组代表："我"要像花一样，不能被挫折打败。

教师（笑）：所以加快脚步表示作者变得积极起来，对吗？但我们在生活中也经常看到花，为什么我们没有得到这样的启发呢？（示意学生坐下并重新抽签。）请第4组派代表补充或点评。

第4组代表：我赞同第6组的观点，因为作者也遇到了不幸，文中写"它带走了这些时一直压在我心上的关于生死的疑惑、关于疾病的痛楚"，说明看花让作者忘掉了一些不好的事情。

教师：很好，请坐。这个问题有点难，我提供一些背景资料来帮助大家理解吧。

（教师PPT展示背景链接和《哭小弟》的节选。）

教师（严肃起来，沉下声音选读PPT上的背景资料）：作者家人在"文化大革命"中深受迫害，在拨乱反正后作者的小弟又身患绝症，生命垂危，这让作者的心头一直积压着"焦虑和悲痛"，久久不能释怀。此时见一树盛开的紫藤萝花，作者睹物释怀，产生了"精神上的宁静和生的喜悦"。这段经历，作者在《哭小弟》中多处写道："他刚五十岁""可是他去了，过早地去了。这一年多，从他生病到逝世，真象是个梦，是个永远不能令人相信的梦。""他是儿子，三十年在外奔波""自1974年沉君姑母逝世起，我家屡遭丧事，而这一次小弟的远去最是违反常规，令人难以接受！""我哭小弟""我还哭那些没有见诸报章的过早离去的我的同辈人，他们几经雪欺霜冻，好不容易奋斗着张开几片花瓣，尚未盛开，就骤然凋谢。我哭我们这迟开而早谢的一代人！"

（同学们认真听读背景资料，都陷入了沉默和思考中。）

教师：现在同学们能回答，为什么作者能从花中得到启发从而加快了脚步吗？请还没作答的第2组和第7组派代表回答。

第2组代表：因为作者和花一样，都遭遇了关于生死的不幸，但是花的生命再生了，让作者感悟到不幸都是暂时的，所以作者也变得乐观起来了，因而加快了脚步。（同学们自发地鼓掌。）

第7组代表：因为作者和花都有相似的经历，紫藤萝开花让作者感受到她也不能再痛苦下去，浪费生命了。（同学们笑起来，并再次热烈鼓掌。）

教师：大家已经用掌声表达了对你们的肯定。文中的花盛花衰反映的已经不是一时一物的变化，本来笼罩在个人命运不幸中的作者从花开花谢中领悟到了生命的真谛，振作了起来。加快脚步说明作者要把握时间，积极投身于生命长河的奋斗中了。所以这篇文章作者并不是单纯地写紫藤萝花，而是借花来寄寓自己的一种意愿或理想。这样的写法是不是似曾相识？我们在《爱莲说》中也学过……

学生A：托物言志！

学生B：借花喻人！

教师：同学们注意，课文不是把花比作某种人，而是借花表达我们要珍爱生命，积极面对生活的意愿，这样的写法应该是"托物言志"而不是"借花喻人"。

下面让我们有感情地朗读最后两段的内容，充分感受作者积极生活的意愿。

（学生跟教师一起齐读课文最后两段。）

教师：大家都读得非常投入，读出了一种振作、昂扬的状态，非常好！同学们，在漫漫人生路中，我们总会遇到各种不顺和挫折，希望大家不要悲伤，不要心急，而是像课文中的紫藤萝花一样，积极面对，努力绽放！最后请助教公布今天的课堂得分情况。

助教B：今天的三个学习任务各小组的参与度都很高，不管是小组合作还是独立学习，同学们都表现得很好，但个别小组的分工不够合理，完成任务的效率还有待提高。（利用PPT展示这节课小组赛的结果）（见表4-1）

表4-1

任务 评价 组别	任务一：赛读感知		任务二：自读设疑		任务三：品读答疑			合计（分）
	赛读展示效果（分）	点评专业程度（分）	符合提问标准（分）	入选课堂解答（分）	活动参与度（分）	解答有效性（分）	助教、教师满意度（分）	
1	4	—	5	2	4	5	5	25
2	—	5	6	4	5	5	5	30
3	—	3	0	0	5	5	3	16
4	—	4	3	2	5	5	5	24
5	—	3	3	2	5	5	5	23
6	6	—	0	0	5	5	5	21
7	8	—	2	2	4	5	5	26

北师大版九年级数学"利用三角函数测高"课堂实录

广东省佛山市南海区桂城街道桂江第二初级中学 钱常瑜

本节课将全班学生分为8个学习小组，每个小组6～7人，每个小组设定1个固定的小组长，作为学科管理助教。课堂中拟用2位学生担任执行助教，并负责整节课各个环节的调控以及对小组各方面表现的评价。

创设情境引入课题：自从学习了三角函数，"数学天团"小组的成员就按捺不住激动的心情，总想利用所学知识实践一番，前两天，"数学天团"成员拿着测量工具来到了学校后操场，他们究竟要做什么呢？

问题1：如何测量旗杆的高度？

根据视频提出的问题，请小组讨论测量国旗杆高度的可行方案。

执行助教A直观演示测量过程并提问：

（1）需要测量的数据是什么？

（2）请画出草图。

（3）如何利用数据求出高度？

学生根据助教的提问进行自主探究与合作交流。

请小组上台展示设计的方案。

助教A以抽签的方式抽出学习小组1，小组派代表发言，助教A点评并按照发言效果给该小组加分（1～10分），小组学科管理助教自行登分。

教师：问题1的设计，主要是让大家有个初步印象，理解利用三角函数测高的方法，变哪个不可测距离为哪个可测距离及其依据是什么。

助教B对各小组的发言效果进行评价，评价表见表4-2。

表4-2

组别	小组成员学习参与度（分）	问题解决程度（分）	小组代表展示的满意度（分）	合计（分）
1	8	9	6	23
2	10	10	6	26
3	9	9	3	21
4	8	8	6	22
5	8	9	3	20
6	9	9	6	24
7	8	8	6	22
8	9	10	6	25

问题2：如何测量大楼的高度？

学生根据视频提出的问题，讨论测量居民楼高度的可行方案，回答上文提出的三个问题。

助教B以抽签的方式抽出学习小组2，小组派代表发言，助教B点评并给此小组打分。

教师：两个观测点之间距离太近，虽然理论上可行，但在实际操作中，由于测量仪器简易，容易产生较大误差。所以在实际操作中，不仅要有扎实的理论知识，更要有科学严谨的治学态度。

助教A：你是怎样想的，你能说出每步的道理吗？

学生进行1分钟时间讨论（熟悉数学推理过程，培养思维的逻辑性）。

助教A以抽签的方式抽出学习小组3，小组派代表发言，助教A点评并给此小组打分。各小组得分情况见表4-3。

表4-3

组别	小组成员学习参与度（分）	问题解决程度（分）	小组代表展示的满意度（分）	合计（分）
1	9	9	6	24
2	8	8	6	22
3	9	10	6	25

续 表

组别	小组成员学习参与度（分）	问题解决程度（分）	小组代表展示的满意度（分）	合计（分）
4	8	9	6	23
5	10	10	6	26
6	9	9	3	21
7	8	8	6	22
8	8	9	3	20

课内小组赛：任务①求解大楼高度；任务②求解古塔高度。

以抽签的方式抽出4个学习小组。

学生动手操作，小组合作学习，设计方案，进行测量，并解释其中的数学道理。两个活动都由先完成的小组派代表进行发言。

助教A对发言小组进行点评并加分，助教B在整个过程巡视各个小组情况，并从参与度、问题解决程度等方面给予适当的加分。

教师：对助教的点评做相应的补充。

外研版七年级英语Module 10 Unit 1 Are you getting ready for Spring Festival? 课堂实录

广东省佛山市南海区桂城街道桂江第二初级中学　余凯盈

本节课授课人数为48人，根据上课需求，全班学生被分为8个学习小组，每组6人，其中每组内各设1位学科管理助教（小组长），2位课堂执行助教（助教A和助教B），由其分工合作协助教师进行学科育人活动，并调控学习环节的小组参与度与评价反馈。

一、听前环节：设置情境导入主题

（一）英语热身游戏：中国传统节日猜谜

教师导入：同学们，中华传统文化博大精深，古代的诗人们为了歌颂不同的节日而作了许多古诗词流传至今，让我们一起来猜猜他们分别对应了哪个节日吧。Let's guess the Chinese festival based on the poem and some key words.

Firecrackers sent a year away, Warm spring breeze's sneaking into Tu Su.
Thousands of households were all sleepless, The new is always replacing the past.
爆竹声中一岁除，春风送暖入屠苏。
千门万户瞳瞳日，总把新桃换旧符。

the Spring Festival 春节

Looking for him in the crowd once and again.

When all at once I turn my head, I find him there where lantern light is dimly shed.

众里寻他千百度，蓦然回首，那人却在，灯火阑珊处。

the Lantern Festival 元宵节

For palace robes even my name was there, on Duanwu I received the glory of his grace.

Fine threaded linen, so soft that the breeze gets in, fragrant gossamer, light as layered snow.

官衣亦有名，端午被恩荣。

细葛含风软，香罗叠雪轻。

the Dragon Boat Festival 端午节

The moon was rising from the sea and all the people were sharing this moment.

海上生明月，天涯共此时。

Mid-Autumn Festival 中秋节

图4-1

根据古诗词线索，学生通过点击屏幕抢答按钮进行抢答。

各小组的学科管理助教进行小组发言抢答积分累计，登记在小组积分榜里。

执行助教A：请根据节日线索，举例补充相关的节日时间、人们的活动等信息，回答正确、完整的小组将获得额外加分。

第6组学科管理助教：端午节在农历五月初五，人们在当天会赛龙舟、吃粽子以纪念屈原。

引出本节课的主题Spring Festival，明确本课时任务，补充春节的传统风俗习惯（如挂红灯笼、打扫卫生、贴春联等），为学生接下来的活动进行知识铺垫。

（二）春节民风视频听记

执行助教B协助播放一段1分钟的春节民风民俗视频，运用随机点名功能抽检各小组学生起来总结节前准备活动。

学生边听边记，抓取视频信息的关键词，连词成句，在语境中猜测生词词义。

随机生成小组助教（小小教师），在组内收集意见并在课堂上进行总结分享。学科管理助教进行得分登记。

第2组助教：我们小组记录了看舞龙、贴春联、吃团圆饭、大扫除等春节活动，其中舞狮舞龙寓意着来年五谷丰登，好运吉祥，扫除厄运。

教师帮助学生梳理春节传统节前活动，导入新词组（如sweep the floor, make red lanterns, learn a dragon dance等），激活主题词汇。

助教A：同学们，听前热身环节的小组积分情况已出炉（见表4-4），请同学们踊跃参与，旗鼓相当，稍微落后的小组可以加把劲，争取下一个环节赶超其他小组！

表4-4

任务	听前热身		听中学习		听后输出			合计（分）
评价 组别	抢答积分（分）	回答完整度（分）	题目知识点准确性（分）	助教满意度（分）	活动参与度（分）	课本剧（分）	点评专业度（分）	
第1组	5	2						7
第2组	8	5						13
第3组	7	3						10
第4组	6	3						9
第5组	5	4						9
第6组	9	5						14
第7组	6	4						10
第8组	7	4						11

二、听中环节：听力语篇分析与能力培养

（一）听力练习

本次听力练习将分为Listen and Match和Listen and Read（泛听与精听）两大

部分，要求学生通过两次听力训练掌握抓取主旨和目标信息细节的能力。

执行助教A：同学们请泛听一遍音频，回答以下两个问题：

Q1: Who are speaking? (Tony and Lingling)

Q2: What are they talking about? (They are talking about Spring Festival)

了解对话背景后，听第一段音频，对所示春节活动图片进行排序和图文匹配，随后齐读听力片段强化短语使用。任务完成后听第二段音频，完成听填信息表格题，以个人为单位拍照上传答案到班级平板内。

任务进行过程中，由最快完成的同学担任该小组助教（小教师），协助其他组员进行作答，帮助学困生理解题目知识点。同时在互批互改环节由小组助教担任小组的学习委员，传帮带小组完成相应订正任务。

执行助教A和B在过程中进行巡视观察，记录学生遇到的困难并反馈给教师。

教师通过学生的回答，判断学生是否掌握了听力抓取主旨大意的能力，根据学生的表现给予指导和反馈。具体如听力技巧的传授：在题目当中圈划出"5WH+1H"的关键词，运用排除法等手段找到正确答案。同时，教师通过上传的学生答案，观察学生的易错点，适时点出易错点引导学生思考，比如根据学生出现的错误"单词put变成ing形式时少写一个t"在堂上补充讲解辅元辅结构的动词不规则变化规律"双写最后一个辅音字母再加ing"。

（二）语篇分析

从听力课文材料中归纳现在进行时的一般疑问句的句式结构和特殊疑问句的结构。

小组的管理和执行助教引导所在组员进行语法知识点的归纳圈划，主动探究思考现在进行时的结构和用法，最后进行小组发言。

第3组助教：我们从文中的"Is your father helping you? No，he isn't."和"Are you getting ready for Spring Festival? Yes，we are."两个句子中总结出现在进行时一般疑问句的句式结构为"Be+主语+V-ing+其他成分"及其肯定回答"Yes，主语+be动词"和否定回答"No，主语+be动词+not"。

第5组助教：现在进行时特殊疑问句的句式以What开头，结构为"What+be+V-ing+其他"。

教师：第3组代表的发言很完善，根据肯定和否定的疑问句式进行了分类总结，非常棒！第5组的回答也经过了总结与深思，但这里有一点要注意的是特殊疑问句的句式结构不一定是"What"开头，其他的特殊疑问词如"Where""When"等也适用，因此结构应该总结为"特殊疑问词+be（am/is/are）+V–ing+其他"会更加全面。

（教师总结各组发言的优缺点，解答学生未明确的地方。同时，通过语言点的穿插标画，让学生清晰理解语篇重要知识点，通过句式总结，帮助学生进一步掌握语法知识点。）

语言点总结：

现在进行时的一般疑问句的句式：Be+主语+V–ing+其他？

$\begin{cases} \text{肯定回答：Yes，主语+be动词.} \\ \text{否定回答：No，主语+be动词+not.} \end{cases}$

特殊疑问句的句式：疑问词+be+主语+V–ing+其他？

Tony:	Hi, Lingling. This is Tony speaking. What's happening? Are you getting ready for Spring Festival?
Lingling:	Yes, we are. We're quite busy now.
Tony:	What are you doing at the moment?
Lingling:	I'm making big red lanterns.
Tony:	I like them. They are very beautiful. Is your father helping you?
Lingling:	No, he isn't. He's still at work.
Tony:	What's your mother doing?
Lingling:	She's cleaning the house and putting things away.
Tony:	She's working so hard!
Lingling:	Yes. My aunt is sweeping the foor and my grandma is cooking the meal in the kitchen.
Tony:	What are Daming and Betty doing?
Lingling:	They're learning a dragon dance with my grandpa.
Tony:	Can I join them?
Lingling:	Of course. Hurry up!

Take notes !

Everyday English
· This is Tony speaking.
· What's happening?
· Hurry up!

图4-2

助教B和全班同学一起从语法总结的准确性、举例细节性等维度对各个小组的表现作出评价，同时对小组的小小教师（随机助教）进行满意度加分评价。由学科管理助教对发言组进行积分登记。其结果见表4-5。

表4-5

任务 评价 组别	听前热身		听中学习		听后输出			合计 （分）
	抢答 积分 （分）	回答 完整度 （分）	题目知识 点准确性 （分）	助教 满意度 （分）	活动 参与度 （分）	课本剧 （分）	点评 专业度 （分）	
第1组	5	2	6	5				18
第2组	8	5	7	4				24
第3组	7	3	10	5				25
第4组	6	3	7	4				20
第5组	5	4	7	4				20
第6组	9	5	8	5				27
第7组	6	4	9	4				23
第8组	7	4	8	5				24

三、听后环节：英语能力输出与课本剧展演

助教B：请同学们以6人小组为单位进行小组合作，限时3分钟进行角色分工练习，Are you ready? 3分钟讨论计时开始！

助教A：准备时间到，下面是排练时间5分钟，计时开始！

每组的成员按照角色进行分工，自主创新编写对话描述节日准备活动，随后进行课本剧表演。

小组助教们（学科组长）根据其他小组的课本剧展示，从语音语调、响亮、自信、流利度等方面进行评价。（表4-6）

表4-6

Pronunciation （语音） （2 points）	Intonation （语调） （2 points）	Confidence （自信） （2 points）	Loudness （响亮） （2 points）	Fluency （流利） （2 points）	Scores 总分

7–10 points: Perfect; 4–6 points: Good; 1–3 points: Need hard work

点评节选：

第8组助教点评：第7组成员虽然一上台稍显紧张放不开，但在表演的过程中逐渐流畅起来，为他们的勇气点赞！整体表达中语音语调起伏有度，声音响亮，但流利度方面如果再多加练习会更好，加油！

第1组助教点评：第2组成员口语表达流利，一上台就进入状态，十分大胆自信，组员间有相互配合，令我意外的是还有模仿敲锣打鼓的声音，让我沉浸式地体验了春节的气氛。除此之外，语音语调有升降，升调都放置在了准确的位置，如疑问句句尾，总体而言该组表演有声有色，值得学习。

第4组助教点评：第3组在断句、重音等语言表达上下了功夫，但是个别表演者在台上过于拘谨放不开，声音较小，有忘词现象，建议多上台练习，增加配合度和流利度，加油，相信你们能行！

第5组助教点评：第6组表演惊艳，特别是Lingling的饰演者神态动作模仿得传神，一口流利的英式英语在语音语调上错落有致，同时表演设计上该组成员还结合了舞狮表演、写春联等肢体语言，惟妙惟肖地展现了风采，值得学习！

教师：同学们今天的表现都很棒，很多组的成员都能在台上自信大方地展示自己，表达自己，并且能够结合自身所学知识和佛山本地的特色来介绍讲述春节佛山人的传统节前准备活动，融知识于生活，令教师感到惊喜的是有的小组还运用狮头、卡纸等实物活灵活现地表演了中华优秀传统文化，体现了绝佳的小组合作意识，传递了优秀传统文化的真善美。

助教A：今日课堂小组比拼结果已出炉（见表4-7），让我们恭喜得分排名前三的小组——第6组、第2组、第8组被评选为优胜小组！掌声鼓励！

表4-7

任务 / 评价 / 组别	听前热身		听中学习		听后输出			合计（分）
	抢答积分（分）	回答完整度（分）	题目知识点准确性（分）	助教满意度（分）	活动参与度（分）	课本剧（分）	点评专业度（分）	
第1组	5	2	6	5	5	7	5	35
第2组	8	5	7	4	5	9	4	42
第3组	7	3	10	5	4	6	4	39
第4组	6	3	7	4	5	7	5	37
第5组	5	4	7	4	5	8	5	38
第6组	9	5	8	5	5	10	4	46
第7组	6	4	9	4	5	7	4	39
第8组	7	4	8	5	5	6	5	40

八年级物理下册第十一章第1节"功"课堂实录

广东省佛山市南海区桂城街道桂江第二初级中学　梁金荣

本节课有两位学生担任执行助教,以下简称助教A和助教B。

教师引入:请同学们观看一段视频,大家看完后,第一感觉怎样?视频中的运动员是奥运会举重冠军龙清泉,大家知道举重的规则吗,是不是举起就可以算成绩呢?举重规则是举起停留3秒就算成功,龙清泉就是因为挺住了这3秒而为国争了光,作出了贡献。但在物理学的角度看他在这3秒却没有做功,这是为什么呢?学完这一节课大家就知道了。下面我们以小组为单位,利用桌面现有的器材进行实验,限时8分钟。

助教A通过PPT展示三个标准:①实验操作规范,顺畅,能在较短时间内观察到实验现象;②能对物体进行正确的受力分析;③能判断出哪个力做了"贡献",有了"成效"。

任务一:实验感知

各小组根据讲义要求开始实验。(教师到各个小组巡视指导,及时了解并纠正学生在实验中发生的突发情况。)

助教在小组间进行协助,对学生提出的疑问予以及时引导,观察学生的操作规范性,及时指正,作出评价、总结,做好记录。

教师:我们请第2组的学生代表分享第一个实验。

第2组学生代表:用手一直水平推动小车,小车在推力的作用下直线运动一段距离,小车在竖直方向上受到竖直向下的重力和竖直向上的支持力,在水平方向上受到拉力和摩擦力,小车运动过程,给小车的拉力做了贡献,使小车有前进的成效，沿拉力的方向运动。（教师看向第2组，第2组同学纷纷点头。）

教师：第2组向我们展示了他们的实验，也分享了他们的观点。他们提到给小车的拉力做了贡献而且取得了成效，拉力使小车前进。接下来请第5组学生代表分享他们的实验。

第5组学生代表：给乒乓球一个提力将乒乓球竖直向上提起一定高度，乒乓球在竖直方向上受到竖直向下的重力和竖直向上的提力，在乒乓球运动的过程中，给乒乓球的提力做了贡献，使乒乓球有了上升的成效，在提力方向运动。

教师：第5组向我们展示了他们的实验，他们提到给乒乓球的提力做了贡献而且取得了成效。刚才两个小组分别分享了物体在水平方向上运动和在竖直方向运动的问题，我们再来看一下第6小组带来的分享。

第6组学生代表：把乒乓球提到一定高度，放手后，乒乓球在自由下落过程中，如果忽略空气阻力，乒乓球受到重力，乒乓球受到的重力做了贡献，使乒乓球有下落的成效，沿重力方向运动。

教师：根据三组学生的分享，我们知道：拉力、提力、重力都对物体做了贡献而且取得了成效，拉力使小车前进，提力使乒乓球上升，重力使乒乓球自由下落。在物理学上，如果某个力对物体作出了贡献，取得了成效，我们就说这个力对物体做了功。接下来我们看一下功的定义：如果一个物体受到力的作用，并在力的方向上发生了一段位移，我们就说这个力对物体做了功。

教师：根据力做功的定义，大家思考一下力做功需要具备哪些条件呢？

全班学生：物体受到力。

教师：力要做功，肯定物体先要受到力，有了这个前提，还要什么条件？

第1组学生代表：除了物体受到力，而且物体要在力的方向发生位移，我们就说这个力做了功。

教师：是的，这是力做功的两个必要因素，缺一不可。根据力做功的两个必要因素，你知道生活中力不做功的例子吗？我们以小组为单位，开展"做功你来猜"的活动。

助教B展示PPT，展示比赛要求和点评规则：①第一环节未能进行展示的小组进行抽签，根据抽签内容进行表演；②当表演小组代表读完题目后进行抢答。助教A拿出抽签卡，抽中第3组、第4组和第7组，并请他们根据抽签内容表演。

任务二：游戏解疑

第3组学生代表抽到表演的内容：使劲推桌子，但桌子不动。（全班哈哈大笑。）

助教B提出的问题：使劲推桌子，但桌子不动，请问此时，该同学是否对桌子做功？你的判断依据是什么？

第1组学生代表抢答：没有做功，桌子虽然受到力，但它没有在力的方向上发生位移，根据刚才学的定义说明力没有做功。

第4组学生代表抽到表演的内容：向前抛出乒乓球，使球往前运动。

助教A提出的问题：向前抛出乒乓球，使球往前运动。请问此时，乒乓球离开该同学的手后，他是否对乒乓球做功？你的判断依据是什么？

第6组学生代表抢答：没有做功，乒乓球离开他的手后，乒乓球虽然移动了一段距离，但没有受到人给它力，根据刚才学的定义说明该同学没有对乒乓球做功。

第7组学生代表抽到表演的内容是：提着水桶水平向前走。（全班哈哈大笑。）

助教B提出的问题：该同学提着水桶水平向前走的过程，请问此时，他有没有对水桶做功？你的判断依据是什么？

第5组学生代表抢答：有做功，他提着水桶，给水桶一个力，也移动了距离。（学生有些点头，有些摇头，不是很确定。）

教师：的确如此，好像提着水桶水平移动，水桶受到力，也有距离喔，请同学们再回忆刚才力做功的定义，请问哪位小组进行补充。

第5组学生代表补答：该同学没有对水桶做功，根据刚才学习力的做功定义，有力，在力的方向上移动距离，我们才说这个力做了功，刚才该同学在提着水桶水平移动，提力的方向是向上，水桶没有向上移动距离，所以该同学对水桶没有做功。（大部分学生纷纷点头。）

助教A依次请第3组、第4组、第7组进行点评，点评规则：①表演是否符合内容、是否具有感染力等方面进行点评；②能对表演的情境发表正确的观点。

教师：同学们太厉害啦！请给自己掌声鼓励。从刚才列举的例子中，我们可以总结出物体不做功的情况：①有力，力的方向上的位移距离为零，如刚才使劲推桌子，但桌子不动。②有位移，在位移同一方向上没有力的作用，如向前抛出乒乓球，乒乓球离开手后，球往前运动。③有力，有位移，但力和位移方向是相互垂直，如提着水桶水平移动，提力的方向是向上，水桶没有向上的方向移动距离，或者理解成在水平方向的位移没有受到水平方向的力。从这里我们可以总结得出力做功，除了物体受到力，关键要在力的方向上发生位移。

助教B记录本环节各小组得分。

任务三：研习致用

教师：通过刚才的学习我们知道做功的两个必要因素，也知道了力不做功的三种情况，那么我们猜想一下，力做功的大小可能跟什么因素有关呢？接下来请同学们通过图例来分析，由于刚才第2组没有答对，我们先让第2组回答。

助教A展示PPT内容：三个物体都在拉力的作用下做匀速直线运动，比较甲、乙两图展示的物体运动情况，根据控制变量法的思想，应控制什么物理量相同？由于两个物体均做匀速直线运动，哪个拉力大，所以哪个拉力做的功多。

第2组学生代表：物体向上移动的过程，受到竖直向上的拉力和竖直向下的重力，他们移动距离相同，由于乙受到的重力更大，根据匀速直线运动原理，拉力等于重力，所以乙图内拉力做的功多。同理，比较甲丙，它们受到的重力相同，由于做匀速直线运动，拉力等于重力，丙图中物体经过的路程是2m，比较大，所以丙图内拉力做的功多。

教师：以上分析说明做功多少与力的大小，以及力的方向上通过的距离有关，拉力越大，在拉力的方向上移动距离越大，力做的功也就越大。也就是做功大小与力大小和在力的方向上移动的距离成正比，为了方便描述功的大小，我们在力学中定义：功等于力和物体在力的方向上通过的距离的乘积。表达式为：功=力×距离，用符号$W=FS$表示，功用符号W表示，力用F表示，距离用S表示，而F的单位是N（牛），S的单位是m（米），所以功的单位就是N·m（牛·米），但功也有专用单位J（焦耳），这是为了纪念伟大物理学家焦耳而命名的，因此$1J=1N·m$，物理意义是：物体在1N力的作用下前进1m时，该力所做的功为1J。

教师：了解了功的计算公式，请同学们完成讲义的练习，教师奖励做得又快又对的三位学生。

各小组分别迅速做练习，教师带好红笔到各个小组巡视并纠正个别错误。

教师：做完的同学请举手，教师会优先批改，并奖励做得又快又对的三位同学成为教师的助教。

助教A：请第7组学生代表分享第一道计算题。

第7组学生代表：根据题目要求，求马的水平拉力做功，题目已给出水平拉力800N，马车在拉力方向上的移动距离为3000m，根据公式$W=FS$，求出马的水平拉力做功等于$2.4 \times 10^6 J$。

教师：回答得很好，我们给第7组学生代表送上掌声，做计算题时，我们要注意题目求解的内容，根据题目给出的条件，运用合适的公式，并注意单位统一，接下来请另外一组回答。

助教B：请第1组学生代表分享第二道计算题。

第1组学生代表：根据题目，求小明受到的重力做功，题目已给出小明质量50kg，根据公式$G=mg$，可以求出小明受到的重力为500N（$g=10$），移动距离为30m，根据公式$W=Gh$，求出小明受到的重力做功1500J。

助教A：请第1组派代表进行补充或点评。

第1组学生代表补充：由于重力的方向竖直向下，根据做功的定义，三楼走下一楼，在竖直方向移动的距离是三楼到一楼的高度6m，而重力的符号是G，所以小明受到的重力做功$W=Gh$=500N × 6m=3000J。

教师：这位同学补充得很到位，这道题旨在加深我们对力做功的理解，要在力的方向发生位移，我们才说这个力做了功，小明从三楼走下一楼，小明受到的重力做功，在重力方向移动的距离指的是小明在竖直方向位移的距离，我们用符号h表示，所以重力做功可以表示为$W=Gh$。

教师：请同学们小组讨论第三题。

学生：各小组分别迅速围成一圈展开讨论，组长组织组员依次发言。（讨论非常热烈，教师到各个小组巡视并纠正个别问题。）

助教B：请第3组学生代表分享第三道计算题。

第3组学生代表：根据题目的要求，起重机先把物体提升然后水平移动一段距离，在两个过程中，提力方向始终向上，根据力做功的定义，物体在第二段距离内没有在力的方向上发生位移，所以，起重机向上的拉力只有向上提物体过程才对物体做功，所以整个过程，起重机对物体向上的拉力做功等于 $W=FS=Gh=5000\text{N} \times 10\text{m}=50000\text{J}$。

教师：同学们表现很棒，根据刚才的练习，我们知道了判断力是否做功，要明确哪个力在哪个过程做功，希望同学们好好吸收。我们来小结一下今天我们学习了什么。请同学们畅所欲言。

第1组学生代表：今天学习了物理上的"功"指的是物体受到力并在力的方向上发生了位移，我们就说这个力对物体做了功。

第3组学生代表：我们知道了判断力对物体做功的两个条件，一是物体受到力，二是物在该力的方向上发生了位移。

第4组学生代表：我们知道了力不做功的三种情况，一是有力，力的方向上通过的距离为零；二是有距离，在距离同一方向上没有力的作用；三是有力，有距离，但力和距离方向相互垂直。

第7组学生代表：我们学会了力做功的公式，$W=FS$，功用符号W表示，力用F表示，距离用S表示，功的单位是J。

教师：看来大家今天都收获满满，根据今天学习的内容，教师也送一句名言给大家，成功=努力×有效的方法，大家要想学习成功，除了努力之外，还要选择有效的方法，希望同学们好好加油。最后请助教公布今天的课堂得分情况。

助教A：今天的三个学习任务各小组的参与度都很高，不管是小组合作还是独立学习，同学们都表现得很好，但个别小组的分工不够合理，完成任务的效率还有待提高。（利用PPT展示这节课小组赛的结果）（见表4-8）。

表4-8

任务 评价 组别	实验感知			游戏解疑		研习致用			合计（分）
	符合操作标准（5分）	受力分析正确（10分）	判断正确性（5分）	表演展示效果（10分）	入选回答正确（10分）	活动参与度（5分）	解答有效性（10分）	助教满意度（5分）	
1	4	—	—		9	3	9	4	29
2	4	8	4	—	3	5	6	2	32

任务 评价 组别	实验感知			游戏解疑		研习致用			合计（分）
	符合操作标准（5分）	受力分析正确（10分）	判断正确性（5分）	表演展示效果（10分）	入选回答正确（10分）	活动参与度（5分）	解答有效性（10分）	助教满意度（5分）	
3	4	—	—	9	—	5	9	4	31
4	4	—	—	9	—	5	6	4	28
5	4	8	4	—	8	3	5	2	34
6	4	8	4	—	9	3	5	2	35
7	4	—	—	9	—	3	9	4	29

人教版九年级化学课"质量守恒定律"课堂实录

广东省佛山市南海区桂城街道桂江第二初级中学　彭洪涛

本节课由两名学生担任执行助教，以下称助教A和助教B。

教师引入：同学们，你看一大张纸张燃烧，最后只剩一点灰烬，生活中，蜡烛也越烧越少，此类物质燃烧后质量"减少"了，这是为什么呢？物质是不是消失不见了？实践是检验真理的唯一标准，现在就让我们通过红磷燃烧实验一起来探究物质燃烧前后质量的变化关系。

问题1：化学反应前后物质的质量是否发生改变？

红磷燃烧所需要的仪器有哪些？红磷燃烧的实验现象是什么？实验的操作步骤如何？实验的结果和注意事项是什么？各小组观察实验操作并记录。各小组代表做实验展示（略）。

第2组3号同学：每个小组的汇报都很详细，这个实验在"氧气的性质探究"我们也学过，这次多了个玻璃管的目的是什么？

第6组7号同学：有一组同学观察到实验过程中的气球先膨胀后变小了，我也观察到了，但是我不知道为什么会这样，是不是里面气体发生了变化呢？但气球变小是因为消耗了氧气，变大又是因为什么呢？刚刚第1组同学说到锥形瓶里面有细沙，表明他们观察得非常仔细，细沙在这里可以换成水吗？

助教A：大家各抒己见非常棒，实验中用玻璃管并不用玻璃棒是因为器材既要有利于引燃红磷也要有利于导出气体，这也是要绑一个气球的原因。这里的细沙是为了防止红磷燃烧温度过高使玻璃瓶炸裂；细沙不可以换成水，否则点不着红磷。

助教B对核心知识进行板书。

教师：红磷燃烧实验中气球的作用是缓冲气压。刚刚同学们非常细致地观察到了气球的变化，也善于利用之前学过的知识，非常棒！这个实验中教师进行了两次称量，一个是反应前，一个在反应后，质量既然相等，所以燃烧质量也不会减少，但是，是不是所有的化学反应前后质量都不变呢？它们到底有什么样的关系？为什么？

助教B通过对刚刚小组练习过程，汇报结果两个方面进行评价，评价表见表4-9。

表4-9

评价 组别	小组练习过程参与度 （2分）	代表汇报结果满意度 （2分）	合计 （分）

问题2：是否所有化学反应质量前后都不变呢？

第4组代表：铁和硫酸铜溶液用到的了锥形瓶，而碳酸钠是白色粉末，要探究两个反应前后质量是否发生改变，最重要的是在两者还没接触的时候称量一次，反应结束后再称量一次。

助教A：同学们注意到了实验的关键步骤，接下来就让我们一起来操作探究。

教师：同学们注意实验用量，铁钉两颗，硫酸铜溶液只要没过铁钉即可。碳酸钠粉末两药匙，稀盐酸约1/3试管即可。

每组代表能较完整汇报预习案的内容加2分。（表4-10）

表4-10

评价 组别	完整汇报预习案的内容 （2分）	合计 （分）

学生自主动手实验操作，以小组的形式，每组进行两个实验探究，再把每大组分成两个小组，分别做铁和硫酸铜反应的实验，碳酸钠和盐酸反应的实验，并记录反应现象。

助教A和B在小组间进行巡逻指导，对学生提出的疑问及时引导，观察小组的操作规范性，及时提出指正。对每小组操作的规范性、实验结论的准确性，以及药品的节约等方面进行评价、总结，并做好记录。

第1组6号同学：我发现铁和硫酸铜的反应几乎没有什么现象，但前后质量不变，但碳酸钠和稀盐酸反应的有大量气泡产生，并且质量减少了，是不是因为产生了气体呢？

助教B：同学们操作虽然不太规范，但整体实验比较成功，铁和硫酸铜的实验现象不明显，是因为这个反应需要一定的时间，同学们再等等，下课的时候再观察一下现象。

教师：铁与硫酸铜的实验反应前后质量相同，而碳酸钠与稀盐酸的反应前后质量不相等，这是为什么呢？其实，第一个实验没有气体参与也没有气体产生，反应后前后总质量相等。但第二个实验质量减少了，的确是因为产生了气体，也就是说气体也是这个反应产生的一种生成物，我们是否可以改进这个实验，让反应中得到的气体也能被一起称量呢？

每组同学能较完整地完成1个实验得2分，完成两个实验得4分，能在实验中提出有价值的问题再加2分。（表4-11）

表4-11

评价 组别	能完整地完成实验 （4分）	提出有价值的问题 （2分）	合计 （分）

小组同学纷纷对刚刚实验的不同进行讨论总结，并自主设计画出减少实验误差的反应装置图，而后对设计的可操作性强的实验进行现场验证。

第3组5号同学：我设计的是将两者放在一个密闭的锥形瓶中，让整个反应形成密闭的。

助教A：很好，这个同学考虑到改变装置的气密性，但这样会带来不好的后果，因为反应瓶内压强会增大，如果用锥形瓶和瓶塞，这样会使瓶塞冲出！

第7组2号同学：我们组用的是换成塑料瓶，并刚刚实验操作可以成功，发现反应前后质量不变。

第5组7号同学：我们把瓶塞换成气球，和刚刚红磷的燃烧实验一样，这样就可以起到缓冲作用了！

助教A：大家的方案都很精彩，那我们现在挑一个方案来验证一下吧！

两位助教通过选用一组实验方案（改用塑料瓶）验证了实验的可行性。并验证出化学反应前后物质的总质量不变。

教师：同学们的思维碰撞非常的精彩，教师觉得大家考虑得很全面，不仅从药品量的多少，还从装置的优缺点去考虑一个实验的可行性，所有的设计都围绕一个前提：有气体参与或者有气体生成的实验，都必须在密闭空间内才可以验证质量守恒。那么，同学们是否还想知道刚刚两位助教的实验中产生的气体的质量大概是多少呢？让我们打开瓶盖看看有什么现象出现吧！（打开瓶盖，听到"嘭"的一声，再称量，总质量减少），是的，减少的质量就是刚刚跑掉的气体的质量。

画出不同的装置图得2分，能被教师选出再验证的小组再加2分，实验验证成果加2分。（表4-12）

表4-12

评价 组别	画出不同的装置图 （2分）	实验验证的装置 （2分）	验证效果 （2分）	合计 （分）

过渡：通过以上三个实验我们可以得出质量守恒的概念，现在结合课本给出的定义，大家能否找出质量守恒概念的关键词，现在就让我们一起来寻找吧。

学生通过刚刚的实验结合课本质量守恒的概念，找出概念的关键词，并且小组讨论挑选其为关键词的原因。

第5组4号同学：我觉得"化学反应"是关键词，因为只有发生化学反应我们才可以说是质量守恒。

第4组2号同学：我觉得是"参与"和"总质量"这两个关键词，因为只有参加反应了才算，不参加的不算，还有就是总质量，不是重量，也不是其他的量词。

教师：同学们总结很到位，首先所有的化学反应都遵循质量守恒定律，而且只有参加反应的才可以算质量守恒，现在让我们用一些习题来加深印象和理解吧。

准确地找出一个关键词得1分。（表4-13）

表4-13

评价 组别	能准确地找出关键词 （每个1分）	合计 （分）

问题3：能否从微观角度验证质量守恒定律？

过渡：大家知道为什么化学反应前后的质量不变吗？其实，化学反应在我们看不见摸不着的微观世界里大有学问呢！现在让我们一起来看看氢气和氧气的微观反应吧。

学生写出氢气与氧气反应的化学表达式，并通过画微观的分子和原子来表示此反应，并且通过移动硬币的形式来表示此反应。

第2组4号同学：物质是由分子或原子构成的，就像氧气由氧分子，氢气由氢分子，这个反应就是分子变成原子，原子再重新变成分子的过程。

教师：刚刚这位同学讲得非常好，但是有几个用词需要稍微修改，其实硬币的移动表示化学反应前后分子分为原子，不是"变为"原子再重新组合新的分子，在反应中原子是没有改变的，其中包括：（学生答）原子的种类、质量、数目没有发生改变。是的，就是在微观上原子种类、数目、质量没有发生改变，所以导致化学反应前后物质的总质量相等。最后通过习题的方式，巩固和对本节课学习内容进行小结，加深印象。

能准确画出微观粒子图的加2分，并作为代表到台上移动硬币表示反应的实质再加2分。（表4-14）

表4-14

组别＼评价	能准确画出微观粒子图（2分）	移动硬币表示反应（2分）	合计（分）

然后根据学生实际情况进行评价。（表4-15）

表4-15

组别＼评价	小组练习过程参与度（2分）	代表汇报结果满意度（2分）	完整汇报预习案的内容（2分）	能完整地完成实验（4分）	提出有价值的问题（2分）	画出不同的装置图（2分）	实验验证的装置（2分）	验证效果（2分）	能准确地找出关键词（3分）	能准确画出微观粒子图（2分）	移动硬币表示反应（2分）	合计（分）
1	2	2	1	2	2	2	2	2	2	2	2	21
2	2	1	2	3	1	2	1	2	2	2	2	20
3	1	2	2	2	2	2	1	1	3	2	1	18
4	2	2	2	3	2	2	1	2	2	2	2	22
5	2	1	2	4	2	2	2	0	2	2	0	19
6	2	1	2	4	2	2	2	2	2	2	2	23
7	1	2	2	3	0	2	2	2	2	2	2	20

人教版七年级生物下册"流动的组织——血液"课堂实录

广东省佛山市南海区桂城街道映月中学　吴奶珠

本节课由两位学生担任执行助教，以下称助教A和助教B。

助教A：春天天气多变，容易生病，平时活泼机灵的小明也病倒了。小明来到医院，医生观察并询问了小明的症状后，让小明先去抽血。抽血时，小明发现试管中的血液不仅没有凝固，而且随着时间的推移还发生了分层，这是为什么呢？

问题1：为什么血液在试管里静置一段时间后会发生分层现象呢？

各小组观察鸡血分层现象，观察血液分为几层？各层是什么颜色？各层中含有什么细胞？各层大致比例是多少？各小组同学统一意见后，派代表展示讨论结果，回答上述问题，并接受同学们的评价。

各小组代表做展示（略），答案大同小异，学生表达流畅程度不一。

第3组助教：血管里含有抗凝剂，所以血液没有凝固。而且血液中含有不同的组成物质，它们的相对重量不一样，所以就发生了分层。

第8组助教：试管中的鸡血分为3层，下层是红色的，含有红细胞，中间有一层薄薄的白色，含有白细胞和血小板，上层是淡黄色的血浆。

教师：两位助教都分析得很正确，表达也很清晰。血浆是由90%的水，7%的血浆蛋白，3%的葡萄糖、氨基酸、无机盐、废物等构成的。下面教师教同学们用一个神奇的方法来鉴定血浆中的蛋白质。取一个干净的小试管，用吸管吸取少量血浆于其中，先滴加1毫升的双缩脲试剂甲液，再滴加3~4滴的双缩脲试剂乙液，轻轻震荡后，若看到紫色现象，则说明血浆中含有蛋白质。下面各小组进行实验。

各小组进行血浆蛋白鉴定实验，观察现象，得出血浆中含有蛋白质的结论。

第4组助教：刚刚我们小组进行实验时发现，往血浆中滴加1毫升的双缩脲试剂甲液，再滴加3～4滴的双缩脲试剂乙液，轻轻震荡后，血浆就变成紫色了。

教师：第4小组观察到的现象是正确的。血浆就像是河里的水，血细胞就像河里的鱼，水运载着鱼，给鱼提供营养物质，并将鱼产生的代谢废物运走。血浆就像河里的水一样，能够运载血细胞，运输养料和废物。

助教A和全班同学一起从小组成员学习参与度、问题解决程度、小组代表展示的满意度三个维度（以下简称"三个维度"）对各个小组的表现作出评价。

助教B：护士将小明的血液送往检测室，检测室医生将小明的血液做成涂片，并在显微镜下观察。小明的疑问又产生了：显微镜下如何分辨不同的血细胞呢？

问题2：显微镜下如何分辨不同的血细胞？

学生观察教师制作的血细胞模式图，并结合教材的描述，自主学习三种血细胞的特点，归纳三种血细胞的区别，完成表4-16。

表4-16

项目	红细胞	白细胞	血小板
数量			
形态特点			
有无细胞核			
功能			

第5组助教：红细胞数量最多，是两面凹圆盘状的，成熟后没有细胞核，有运输氧气的作用。

第6组助教：白细胞数量最少，体积大，形态多样，有细胞核，能够吞噬病菌，起防御和保护作用。

第7组助教：血小板数量居中，体积小，不规则，没有细胞核，有凝血和止血的作用。

教师：关于三种血细胞的基础知识，三位助教都回答得很正确。下面请同学们思考以下问题：①为什么红细胞是红色的呢？②为什么红细胞能运输氧气呢？③红细胞是两面凹圆盘状，且成熟的红细胞没有细胞核，这与红细胞运输氧气的功能有关系吗？

各小组讨论教师提出的三个问题，并尝试解决。

第1组助教：红细胞中含有血红蛋白，它是一种含铁的蛋白质，所以红细胞是红色的。

第2组助教：红细胞中的血红蛋白在含氧量高的地方与氧结合，在含氧量低的地方与氧分离，所以能运输氧气。

第6组助教：红细胞两面凹可以更好与氧气接触，成熟后没有细胞核，可能是为了加快运输的速度。

教师：问题③回答得不够准确，红细胞是两面凹的，可以增加与氧气接触的面积，这点解释对了，但成熟红细胞没有细胞核，是为了腾出更多的空间来运输氧气。（播放白细胞吞噬病菌的动画）白细胞当吞噬了5～25个病菌后，就会死亡，死亡的白细胞和病菌的分解物就形成了脓液，因此伤口处就产生了化脓现象。如果你身体的白细胞数量太多，可能是有炎症。（展示凝血的图片）血小板就像是人体的"修补工"，当人体受伤流血时，它就会迅速奔赴"现场"，凝固血液，这个速度很快，通常3分钟就完成任务了。

助教B和全班同学一起从三个维度对各个小组的表现作出评价。

助教A：一段时间后，检测室医生给了小明一张化验单。小明的疑问又产生了：这个化验单应该怎么看呢？根据化验单就能判断我得了什么病吗？

问题3：怎样根据化验单判断小明是否有贫血？

化验单上含有小明的RBC（红细胞）、WBC（白细胞）、Hb（血红蛋白）和PLT（血小板）的数据，各小组依据这四个项目的正常参考值进行讨论，尝试分析小明的化验单，判断小明是否患有贫血。

第1组助教：小明贫血，因为他的红细胞数量太少了。

第4组助教：我也认为小明患有贫血，他的红细胞数量低于正常的最低值了。

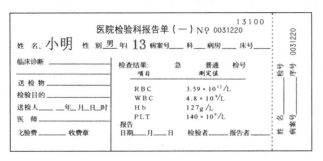

图4-3

教师：贫血是指血液中红细胞数量过少，或者红细胞中血红蛋白的含量过少。例如，某患者（成年人）面色苍白，精神不振，头晕无力，经血常规化验，他的红细胞计数为5.5×10^{12}个/L，血红蛋白含量为85g/L。那么，该患者可能患有什么病？试说明判断理由。

学生独立思考，准备回答问题。

第8组助教：该患者是贫血，因为他的血红蛋白数目偏低。

助教A和全班同学一起从三个维度对各个小组的表现作出评价。

助教B：好奇心强的小明还存在一些疑惑，请大家帮助解答。

问题4：为什么把血液称作"流动的组织"？

问题5：献血会影响正常生活吗？

学生小组讨论，准备抢答。

第2组助教：血液是一种组织，属于结缔组织；血液在血管中流动，因此称作"流动性的结缔组织"。

第7组助教：捐了血，人的血液是暂时减少了，但是我们的骨髓又会不断地产生新的血细胞去补充血液的。

教师：我国提倡18～55周岁的健康成年人无偿献血，每次献血200～300毫升，会很快恢复，不会影响人体健康，还可以帮助到其他人。本节课我们学习了血液的成分，以及血液各种成分的功能。此外，血液不仅具有运输作用，而且还具有防御和保护作用。

助教B：今天各小组表现都很好，且实力相当，（利用PPT展示小组赛结果）（见表4-17）。

表4-17

评价 组别	小组成员学习参与度 （10分）	问题解决程度 （10分）	小组代表展示的满意度 （10分）	合计 （分）
1	8	9	6	23
2	10	10	6	26
3	9	9	3	21
4	8	8	6	22
5	8	9	3	20
6	9	9	6	24
7	8	8	6	22
8	9	10	6	25

部编版九年级道德与法治"开放互动的世界"课堂实录

广东省佛山市南海区桂城街道桂江第二初级中学　卢菊英

本节课由两位学生担任执行助教，以下称助教A和助教B。

创设情景导入：

播放视频："一带一路"上的名片——中欧班列。

教师提问：视频中有哪些让你印象深刻的词汇？我们生活的这个世界，有哪些鲜明的时代特点？

学生：旧时驼铃响，如今汽笛声亮；全球化，地球村；中欧班列让各国的关系更加密不可分；班列来往运输忙，发展成果为世界所共享；铁路线，连成片；推进"一带一路"建设形成新局面。

小结：这个广阔的世界，是人类共同的家园，我们要携手共命运、同心促发展，这节课就让我们一起走向这开放互动的世界。

教学环节一：我们共同家园的特征

助教A展示三组图片（略），请同学们观看这三组图片思考以下几个问题。

以上图片说明了当今世界呈现什么样的特点？

用什么样的词语形容这些最为贴切？

学生根据助教的提问进行分工、自主探究以及合作交流，每个组员至少总结出两个词语在组内进行分享讨论，时间2分钟。

助教A利用抽签软件，抽中"勇进组""尚进组""争进组""力进组"，这四个组均派本组的6号同学进行小组展示，这四组均加6分。"奋进组"的5号、"跃进组"的3号、"强进组"的6号、"能进组"的4号主动进行补充，则分别加5分，加3分，加6分，加4分。

教师：每个小组的同学表现得都非常积极，敢于大胆展示，总结得也非常全面、到位。结合图片与同学们的回答我们不难发现：当今世界是人类共同的家园。这是一个开放的世界。国家间相互开放的程度不断加深，在政治、经济、文化各领域的开放范围也在不断扩展；这是一个发展的世界。新技术、新经济、新业态不断涌现并蓬勃发展，世界正经历着新一轮发展大变革、大调整；这是一个紧密联系的世界。现代交通、通信、贸易把全球各地的国家、人们联系在一起，彼此影响，休戚相关。这就是当今世界的特点。请同学们做好笔记。

助教B对展示的小组进行该环节的得分统计，在纸质表格记录得分。（表4-18）

表4-18

组名	1号	2号	3号	4号	5号	6号	合计
奋进组					5		5
勇进组						6	6
尚进组						6	6
跃进组			3				3
争进组						6	6
强进组						6	6
能进组				4			4
力进组						6	6

助教B：本次任务"勇进组""尚进组""争进组""力进组""强进组"名列前茅。

教学环节二：经济全球化的表现

助教A：随着世界的开放、互动联系的程度的不断加深，我们的生产和消费都在不断融入全球经济。（播放视频《中国制造》宣传片及图片并呈现教师的提问：你平时接触了哪些外国品牌？你知道哪些国内品牌在外国热销呢？经济全球化主要表现在哪些方面？）

助教A用PPT展示评分指标：①语言的流畅性和简洁性（5分）；②总结的准确性和简洁性（5分）；③成员的参与度（5分）；④点评助教的满意度（5分）。

学生以小组为单位，根据教师的提问进行分工和自主探究与合作交流，每个组员都要在组内进行分享，经过交流和讨论，最终确定小组的讨论结果，小组记录员做好记录，并派好代表做好随时展示的准备。时间4分钟。

"跃进组""争进组""能进组"助教代表进行展示，其他小组派助教代表对这些小组进行点评和补充。

教师：几位助教都非常细心地观察着我们的生活，也很快发现了经济全球化的表现。没错，正如片中：晨跑者穿的运动鞋上的标签是"中国制造，综合了美国的运动科技"；家庭中使用的冰箱上的标签是"中国制造，融合了欧洲风尚"；大学生用的MP3上的标签是"中国制造，使用来自硅谷的软件"；最后出现的飞机则是"中国制造，融合了全球各地工程师的智慧"。越来越多的国内品牌在走出去，也有越来越多的国外品牌走进我们的中国，放眼全球经济，各国联系日益紧密，经济全球化影响和改变着人们的生活。经济全球化是指商品、劳务、技术、资金在全球范围内流动和配置，使各国经济日趋相互依赖、相互联系的趋势。

助教A展示图片：片中晨跑的运动鞋通过网络销往世界各地；在中国可以买到来自各国生产制造的电器；正在建设的中泰高铁。

教师：可见商品生产在全球范围内完成，是经济全球化的重要表现。在全球化时代，商品设计、零部件生产、组装、销售、售后服务，可以在不同的国家进行。各国利用自己的优势参与生产过程，共同完成商品生产。商品贸易在全球范围内进行，也是经济全球化的重要表现。

助教B对进行展示的小组进行该环节的得分统计。（表4-19）

表4-19

评价 组名	语言的流畅 性和简洁性 （5分）	总结的准确 性和简洁性 （5分）	成员的参与度 （5分）	点评助教的满 意度 （5分）	合计 （分）
奋进组	5	4	4	4	17
勇进组	4	3	5	3	15
尚进组	3	3	4	3	13
跃进组	4	4	4	4	16
争进组	5	3	4	4	16
强进组	4	4	4	3	16
能进组	4	3	4	3	14
力进组	3	3	4	3	13

教学环节三：经济全球化的影响

助教A：经济全球化是当今世界的发展趋势，经济全球化丰富了人们的生活和全球各地经济的联系，也给很多国家的经济安全带来了挑战并给国际经济带来了不稳定性。经济全球化的趋势下对各国经济是有利还是有弊呢？

助教A用PPT展示评分指标：①团队合作程度（5分）；②小组成员的语言表达的流畅性（5分）；③运用阅读获得的知识进行论证程度（5分）；④运用生活实例论证程度（5分）。

学生就"经济全球化的趋势下对各国经济是有利还是有弊？"这一辩题进行辩论。

在课前，根据小组的意愿，助教A将8个小组分为正反两方进行辩论，时间10分钟。

正方代表有"奋进组""尚进组""跃进组""能进组"。

反方代表有"勇进组""争进组""强进组""力进组"。

正方论点：经济全球化下利大于弊。

反方论点：经济全球化下弊大于利。

（辩论过程略）

教师：同学们的辩论非常精彩，有理有据。经济全球化有利也有弊，它一方面为经济发展提供了新的机会；另一方面也使风险与危机跨国界传递。面对经济全球化，我们既要顺应历史潮流，保持积极、开放的心态，主动参与竞争，也要居安思危，增强风险意识，注重国家经济安全，为应对各种困难和挑战做好充分准备。

助教B和全体同学从团队合作程度、小组成员的语言表达的流畅性、运用阅读获得的知识进行论证程度、运用生活实例论证程度4个方面对各小组进行评分并记录公布。（表4–20）

表4–20

组名　　评价	团队合作程度（5分）	小组成员的语言表达的流畅性（5分）	运用阅读获得的知识进行论证程度（5分）	运用生活实例论证程度（5分）	合计（分）
奋进组	5	5	4	5	19
勇进组	4	5	5	5	19
尚进组	4	4	4	5	17
跃进组	5	4	5	4	18
争进组	4	4	4	5	17
强进组	5	5	5	5	20
能进组	4	3	3	4	14
力进组	4	5	4	5	18

助教B宣布本次任务强进组优胜。

教学环节四：共享多样文化

助教A：经过前面的学习，我们从经济角度对当今世界有了一定的认识，那从文化角度的视角来看，当今的世界又是怎么样的呢？接下来让我们走进世界文化的大花园。

助教B用PPT展示图片：风格迥异的建筑、丰富多彩的饮食、多姿多彩的舞蹈、各式各样的服饰。

教师：从上述图片看出不同国家有着不同的建筑、不同的饮食、不同的舞蹈、不同的服饰，这说明什么呢？

学生：文化多样性。

教师：没错，不同文化共同构成了姹紫嫣红、生意盎然的世界文化大花园，文化多样性是人类社会的基本特征，我们要尊重文化多样性。

助教A：我们知道要尊重文化的多样性，具体我们为什么要尊重文化的多样性，尊重文化差异呢？我们如何尊重文化差异呢？让我们结合"老朱和玛莎"的故事一起来探讨一下。通过前面的竞赛，目前"能进组"和"跃进组"暂时比分落后，我们要给他们一次展现的机会，有请这两个小组选出代表扮演老朱和玛莎进行小品表演。（根据教材第8页"探究与分享"编写小品，有剧本）看完小品后请同学们以小组为单位认真探讨这两个问题，时间5分钟。

助教A用PPT展示评分指标：①角色扮演的表现性大胆、自信（5分）；②观点的全面性、完整性（5分）；③小组成员的参与度（5分）；④点评助教的满意度（5分）。

"能进组"和"跃进组"助教代表进行小品表演，各小组同学深度探究，助教A抽取积分落后小组展示讨论结果，给予加分奖励，其余小组也可酌情补充。

教师点评角色扮演的同学的表现，并总结发言小组的优缺点，解答学生未明确的地方，引导学生归纳总结，正确对待文化差异。

助教B对进行展示的小组进行该环节的得分统计。（表4-21）

表4-21

评价 组名	角色扮演的表现性大胆、自信（5分）	观点的全面性、完整性（5分）	小组成员的参与度（5分）	点评助教的满意度（5分）	合计（分）
奋进组	0	4	5	5	14
勇进组	0	4	5	5	14
尚进组	0	5	5	5	15
跃进组	5	4	4	4	18
争进组	0	5	5	5	15
强进组	0	5	5	4	14
能进组	5	4	5	4	18
力进组	0	5	5	5	15

教学环节五：小结

"能进组"助教代表：通过这节课的学习，我们从经济和文化两个角度对当今的世界有了一定的认识，这是一个开放、发展、紧密联系的世界。（图4-4）

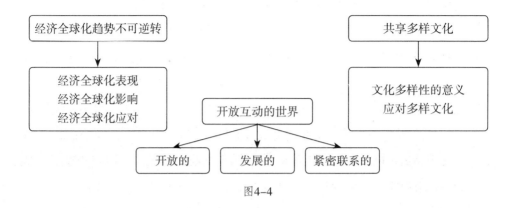

图4-4

教师："能进组"的同学总结得非常好，言简意赅，思路清晰。通过这节课的学习，我们对共同的家园有了全面的认识，知道了经济全球化的表现和意义，也知道了文化多样性的意义，对文化差异有了进一步的认识。知道了经济全球化的趋势不可逆转，面对经济全球化，我们既要顺应历史潮流，保持积极、开放的心态，主动参与竞争，也要居安思危，增强风险意识，注重国家经济安全，为应对各种困难和挑战做好充分准备。

助教B：今天的四个学习任务各小组的参与度都很高，不管是小组合作还是独立学习，同学们都表现得很好，但个别小组的分工不够合理，完成任务的效率还有待提高。经过几个环节的PK，最终"强进组"优胜，这节课小组赛的结果见表4-22（展示评价表）。

表4-22

环节 组别	环节一	环节二	环节三	环节四	环节五	合计
奋进组	5	17	19	14		55
勇进组	6	15	19	14		54
尚进组	6	13	17	15		51
跃进组	3	16	18	18		55
争进组	6	16	17	15		54
强进组	6	16	20	14		56
能进组	4	14	14	18	3	53
力进组	6	13	18	15		52

七年级上册"东晋南朝时期江南地区的开发"课堂实录

广东省佛山市南海区桂城街道桂江第二初级中学　林奕銮

本节课由两名学生担任执行助教，以下简称助教A和助教B。

教师：从秦汉大一统到隋唐大一统之间存在400多年的历史，我们把这段历史称为三国两晋南北朝，同学们印象中的三国两晋南北朝是一个怎样的时代？

学生：动荡！混乱！

教师：今天让我们一起走进第18课"东晋南朝时期江南地区的开发"。以江南之变为主题，从江南变之端，探究江南变之貌。

问题1：西晋灭亡后，江南地区在政治上发生了哪些变化？

助教A：首先我们一起来思考，西晋灭亡后江南地区在政治上发生了哪些变化？316年，内迁的匈奴人灭掉西晋，随后，镇守长江下游的晋朝家室重建晋朝。各小组请阅读课本第89页，完成导学案第一部分的信息归纳。我们将随机抽取一组分享小组的学习情况。

第1组助教：东晋建立时间是317年，建立者是司马睿，都城是建康，政治局面是"王与马共天下"。东晋灭亡的时间是420年。

教师：关于东晋的政治局面，我们来看一个视频加深理解，请带着问题观看视频，如王导和王敦用的是什么方法巩固司马睿在江南的地位的呢？

学生：王氏兄弟策划了一场大戏，形成"王与马，共天下"的局面。

教师：没错，由此我们可以概括东晋的政权特点：门阀士族与王权相互依存。晋朝南渡中这对王氏兄弟出了不少的力气。为什么这个家族这么牛呢？

这是因为他们的身份——门阀士族。那什么是门阀士族？（引出"门阀士族"的概念——在社会上具有特殊地位、世代为官，由官僚士大夫所组成的政治集团。门阀士族同时具有学问、官位的特征。）例如，琅琊王氏，《二十四史》中记载，琅琊王氏培养出了以王吉、王导、王羲之、王献之等为代表的众多人才。

教师：南迁的北方人怀念家乡，希望晋朝能够恢复中原。他们的愿望是否实现了？

学生：没有实现。

教师：那么，何处是江南呢？（展示中国地图）"江南"一词，在两千多年前的先秦时期就已经出现，现在广义上是指长江之南，一般多指长江南岸区域，古人又称江东或江左。东晋在江南地区发展起来，曾达到怎样兴盛的状态？

学生：荆扬宴安，户口殷实。

助教A：没错，不过420年，武将刘裕结束了东晋的历史，建立刘宋政权，从而开启了一段新时代。请同学们完成导学案第二个部分南朝的兴衰。

第1组助教：南朝统治的时间为420—589年，都城设置在建康，统治顺序依次是宋、齐、梁、陈。

教师：（展示南朝四个政权的疆域图和政权一览表）不难发现这四个政权有一个共同点——定都建康（现南京）。这些政权还有什么相似之处？

学生：更替频繁；武将篡权。

问题2：东晋南朝时江南地区在经济上发生了哪些变化？

教师：我们一起看三国两晋南北朝示意图，不难发现，虽然东晋南朝时期政权更迭频繁，但相较北方政权更迭、并立的局面，南方稳定了许多，经济也得到发展。接下来，我们以六朝古都——南京为切口，一起来感受东晋南朝江南地区经济得到了什么发展？

助教B：请同学们结合课本91、92页，小组合作，回答问题2。

第3组、第4组、第5组分别派一位助教从农业、手工业、商业进行归纳总结。

第3组代表：农业上，耕地面积扩大；农业生产技术改进，实行农业多种经营等。

第4组代表：手工业上，缫丝、织布、冶铸、造船、造纸、制瓷技术有了很大提高。

第5组代表：商业上，商业兴旺，城市繁荣。

助教B：请第6组派代表评价这三组的回答。

第6组代表：我觉得第三组在农业上的概括不够完善，农业的发展，水利工程的兴修，以及双季稻的推广提高了粮食产量。第5组忽略了一个重点，那就是在商业方面，建康是南朝的大都会。

教师：回答得太好！各组的学习成果不错，接下来我们一起走进"六朝博物馆"，通过博物馆的文物，一同感受东晋南朝时期江南经济发展的表现。

教师：请仔细阅读"六朝建康人民的饮食菜单"，思考从中可以得出什么结论？

学生：从主食可以看出，当时的江南不仅有水稻，而且有小麦，说明在农业方面，江南地区引入了北方新的粮食品种，有了稻麦兼作的生产技术。

教师：非常好！接下来，请一起聆听文物"青瓷鸡首壶"的自我介绍（音频），思考：该文物工艺上有哪些提升？鸡首壶的命名体现了怎样的时代特点？

学生：体现了东晋南朝手工艺技艺高超，鸡首壶的命名反映了当时人民追求吉祥的心理，说明当时时代特点为动乱不安，战争频繁。

教师：不错，那我们一起来欣赏另一件宝物——玻璃杯。思考：这个文物有何特别之处？

学生：玻璃杯看起来不像我们国家古时候的风格。

教师：据考古专家检测，这件玻璃杯上的椭圆纹饰系采用磨花工艺制成，玻璃成分也与中国古代玻璃杯有明显不同，应是典型的罗马玻璃。这个玻璃杯说明了什么？

学生：说明东晋南朝时期我国对外贸易也发展起来了。

教师：虽然东晋南朝时期政权更迭频繁，但是这一时期的江南地区被开发并迅速发展起来。进入魏晋南北朝以后，南方经济从过去的零星与局部开发，转入大范围的普遍开发阶段。江南为什么在如此动荡的时期依然获得了发展呢？

问题3：东晋南朝时江南地区得到开发的原因？

助教A：请第1到第3小组探究导学案材料1～3，第4到第6小组探究导学案材料4~8，组内学科助教指定一个组员记录答案、引导归纳，推举小组发言代表。

各小组代表发言，语言表达流畅程度不一。

助教A：第6小组其实可以直接从材料6的出处归纳重点。

助教B：各小组对材料的关键词划分到位，归纳能力进一步提升。

教师：在同学们归纳的以上原因中，你认为给江南带来巨大变化的最重要的时代环境是什么？

学生：北人南迁。

教师：江南地区的开发能全部归功于魏晋南北朝时期南迁的汉人吗？

学生：不能，还有其他民族。

教师总结：人口大规模流动是社会变迁和文化发展的催化剂，人民群众是历史的创造者。

助教B和全班同学一起从小组成员活动参与度、解答的多角度性、教师点评的满意度三个维度对各小组的表现做出评价。

教师：除了对区域经济的促进作用，南北民族的交往接触还有什么作用？

学生：民族交融。

教师升华：没错，南北民族通过交往推动不同民族交融，也推动中华文明"多元一体"的格局的形成，文明交流互鉴是推动文明进步的重要动力。

助教B：今天各小组的表现都很好，且实力相当。（利用PPT展示小组赛结果）（见表4-23）。

表4-23

评价\组别	小组成员活动参与度（10分）	史料实证能力（10分）	教师点评的满意度（10分）	合计（分）
1	9	7	8	24
2	9	8	9	26
3	8	9	8	25
4	7	7	8	22
5	9	7	7	23
6	8	7	9	24

湘教版七年级地理课"埃及"课堂实录

广东省佛山市南海区桂城街道桂江第二初级中学　林成就

本节课由两名学生担任执行助教，以下称助教A和助教B。

情境导入：

教师：我们的数学教师，刘老师酷爱地理历史学习，在阅读了相关课外书后，他深深地被四大文明古国吸引，决定假期前往其中一个古老而神秘的国度——埃及。同学们，你们可以帮助刘老师做一些出发前的准备吗？下面有请助教A主持课堂。

任务一：制作小名片，初步识埃及

助教A：为了让刘老师更加了解埃及的国家概况，请大家开动小脑筋，为埃及制作一张小小名片吧！（从面积、人口、人种、宗教、语言、位置、作物、景点等方面任选五个）

助教A在PPT展示点评规则。点评者可以从展示者的精神面貌、展示内容是否准确齐全、名片设计的艺术性等方面进行点评；如果点评中能补充内容或提出明确修改意见的，可以加2分。

助教B利用随机数软件，抽中第2组、第4组、第5组和第6组进行名片展示。

助教A随机请第7组、第3组、第8组、第1组代表分别对展示组点评。

教师：有一个地方要注意，埃及主要人种为阿拉伯人，他们是白色人种。总体而言，各小组名片展示形式多样，内容丰富，但要注意不能简单堆砌内容，名片讲究内容精炼。第3组助教还能从名片设计的艺术性上提出建议，非常不错。

助教A从展示组的展示效果（在表述上的准确度、在内容上的完整度；获得观演小组的好评度）和点评组的专业程度（按照点评规则点评的全面程度；补充内容或修改意见的建设性程度）两个方面对各小组进行评分，在纸质表格记录得分。

助教A：本次任务第3组、第4组、第6组和第8组名列前茅。

任务二：新闻读运河，地图寻位置

助教B：了解了埃及的国家概况之后，刘老师还不太清楚埃及的地理位置呢？请同学们查阅资料，帮助一下刘老师。（PPT展示新闻材料）

让学生结合新闻材料，为什么苏伊士运河的船每天滞留货物价值如此之高？填表4-24概括苏伊士运河发挥的作用。

表4-24

河流	沟通的海洋	联结的大洋	两侧的大洲
苏伊士运河			

第7组助教：苏伊士运河沟通的海洋是红海和地中海。

第3组助教：苏伊士运河联结了印度洋与大西洋。

第2组助教：从地图中可以看出，苏伊士运河两侧是亚洲和非洲。

教师：三位助教回答得非常准确。请同学们观察地图，苏伊士运河开通后，印度洋与大西洋各港口的航程发生了什么变化？

同学们：航程大大缩短了。

教师：可见苏伊士运河沟通了大西洋和印度洋的捷径，因此，优越的地理位置成就了苏伊士运河的生财之道。

助教B：苏伊士运河如此重要，目前管辖它的国家埃及的地理位置又如何呢？

让学生在埃及地形分布图中描出：23.5°N、30°N。圈出主要水域：地中海、红海、苏伊士运河、尼罗河。标注国土组成：西奈半岛。由此归纳埃及的地理位置特征。

纬度位置：大部分位于_____纬度地区。

海陆位置：埃及北临_____海，东临_____海。

大部分位于洲东北部，运河以东的半岛属于洲。

第4组助教：投影展示在地形图中圈画的纬线：23.5°N、30°N。

第6组助教：投影展示在地形图中圈画的水域地中海、红海、苏伊士运河、尼罗河。

第1组助教：纬度位置上看，埃及大部分领土在23.5°N～30°N，属于低纬度地区。

第5组助教：结合埃及地形分布图可以看出，埃及北临地中海，东临红海，大部分位于非洲东北部，苏伊士运河以东的西奈半岛属于亚洲。

教师：第4组、第6组同学圈画的地理要素正确。第1组准确判断出了埃及的纬度位置。第5组助教充分利用了地图工具描述埃及的海陆位置。因此，地理学习一定要从"图"上获取信息。

教师：请同学们根据课本76页图文资料，哪一句话说明了埃及地理位置的重要性？

第8组助教：埃及既是亚、非之间的陆路交通要冲，也是大西洋和印度洋之间海上航线的捷径，战略位置十分重要。

教师：（播放新闻视频"新苏伊士运河的发展"）未来，我们仍然可以期待优越的地理位置为埃及的发展赢得先机。

助教B和全体同学从术语规范性（规范使用地理专业术语，表述逻辑性强）、作答有效性（准确解答两个问题）、信息获取痕迹（能圈画地图或文字材料关键要素）三个方面对各小组进行评分并记录公布。

助教B：本次任务第1组、第5组、第7组优胜。

任务三：明眸探美景，慧脑解疑惑

助教A：在同学们的帮助之下，刘老师知晓了埃及的地理位置，即将搭乘飞机前往埃及。但是他却不知道去埃及哪些景点游览，大家可以给他推荐一些好玩的地方吗？

学生：金字塔、阿斯旺大坝、卡尔纳克神庙……

助教A：PPT展示埃及的旅游景点金字塔、狮身人面像、阿斯旺大坝、卡特巴城堡、卡尔纳克神庙、卢克索遗址、阿布辛贝勒神庙等。面对这些景观，刘老师却产生了一些疑惑，请同学们解答：①为什么埃及景观呈现的色调如此相似？②埃及名胜古迹的分布有何特点？③为什么有人给尼罗河起了另一个外号"金色长廊"？④文明古国的起源受到了什么自然地理要素的影响？

让学生结合图文材料，小组研讨，分析埃及景点色调相似背后的地形、气候原因。

第2组助教：我们小组讨论认为这些景观呈现黄色色调，从材料一中获取信息可知，埃及沙漠面积占90%以上，所以到处是荒凉的景象。

教师：第2小组回答正确，我们不妨深究：为什么埃及的沙漠面积如此广阔？（提示未利用的材料）

第2组1号助教补充：从非洲的气候分布图看，埃及大部分地区属热带沙漠气候，天气非常炎热，降水很少，所以沙漠面积广阔。

教师：我们要注意表达的专业性，热带沙漠气候的特征是全年炎热干燥。第2组同学补充之后答案就完整了，由此我们也发现地形、气候等地理要素之间是相互联系，相互影响的。

让学生结合图文材料，总结埃及名胜古迹沿尼罗河分布的特征，认识尼罗河绿色长廊的地位。

第4组助教：从图中可以看出，埃及的名胜古迹主要分布在尼罗河沿岸地区。

教师：第4组回答得很好，在沙漠广布的埃及，尼罗河沿岸形成了一条"绿色长廊"，尼罗河也是哺育埃及人民的"生命之河"。

让学生小组讨论，从人口、工农业分布中感知埃及被称为"金色长廊"的原因。

第1组助教：我们组讨论认为，尼罗河沿岸人口稠密，城市集中，夜间灯火璀璨，所以称为"金色长廊"。

第6组助教：我们小组有内容补充。应该与埃及的经济发展有关，从"埃及矿产和物产分布图"看，尼罗河沿岸作物众多，矿产资源丰富，工农业应该比较发达，所以号称"金色长廊"。

教师：表扬第6组，思考得全面而且表述的因果关系明确，第1组的同学也不错。其实埃及的人口和城市、工业、农业都集中在尼罗河三角洲，它是埃及最富庶的地区。

让学生结合前面三个探究，小组研讨分析文明古国起源中自然地理要素的作用。

第3组助教：文明古国起源受地理位置因素影响，四大文明古国主要分布在30°N附近。

第7组助教：因为四大文明古国在30°N附近，属于中低纬度地区，气候比较温暖湿润，所以气候因素也起了作用。

第8组助教：我们小组分析地图发现，四大文明古国都被重要的河流经过。例如，长江、黄河流经了中国；印度河、恒河流经了古印度；尼罗河流经了古埃及；巴比伦王国则有幼发拉底河和底格里斯河经过。河流为这些国家的农业发展提供了水源。

第5组助教：分析地形图可知，四大文明古国起源地平原面积广阔，平坦的地形为它们的农业生产提供良好条件，所以地形因素很关键。

教师：四个小组分析得正确。古文明大多发源于中低纬度大河流域的中下游，纬度位置影响着气候环境，而河流不仅提供了水源，还会塑造地形，影响土壤条件。所以这些区域通常具备位置优越、气候温暖湿润、水源充足、地形平坦、土壤肥沃等有利发展条件。由此可见自然地理要素之间相互联系，同学们要懂得用综合的地理思维看待问题。

助教A和全体同学从学习参与程度（小组全员参与讨论，组内发言积极热烈）、问题解决程度（能围绕四个问题进行明确解答）、小组代表展示满意度（回答得到肯定和表扬的程度）三个维度对此环节的小组表现进行评价。

助教A：本次任务的前三名是第6组、第8组、第5组。

任务四：观旅途见闻，思经济发展

助教B：解决了心中的疑惑后，刘老师终于踏上了梦寐以求的埃及之旅。途中他拍下来很多照片与同学们一起分享。（PPT展示埃及实景图）

让学生通过埃及之旅的实景图，小组讨论明确埃及工农业和旅游业的发展概况。

第2组助教：埃及旅游业发达，已经成为埃及经济的支柱产业之一；农业的主要农产品有棉花、水稻、甘蔗；埃及的工业规模在非洲仅次于南非，主要部门有石油、电力、钢铁、机械、纺织、食品等。

教师：第2组的回答非常全面，点赞！图中看到的埃及的首都开罗，因其城市中数量庞大的伊斯兰教建筑，得名"千塔之城"。2015年，埃及政府开始在沙漠地带规划一座新行政首都，它将承担金融、商业、工业、贸易、文化、娱乐等职能。未来埃及城市的发展迎来新篇章。

教师从点评助教的满意度（得到教师点评时的肯定或表扬）对此环节的小组表现进行评价加分。

助教B：本轮任务第2组表现突出，获得加分奖励。

小结：

助教A：旅行结束后，刘老师甚至还做了一份手记总结自己学到的埃及知识，希望分享给更多想去埃及旅游的人。（进行小结）

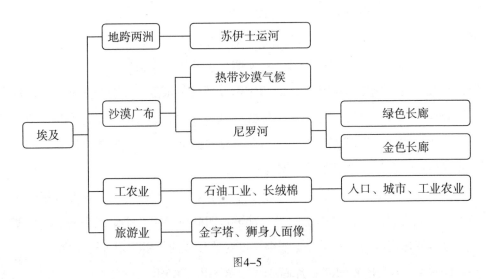

图4-5

教师：希望同学们像刘老师一样，读万卷书，行万里路，做最好的自己！

助教B：利用PPT展示这节课小组赛的结果。（见表4–25）。

表4–25

任务 评价 组别	任务一：制作小名片，初步识埃及		任务二：新闻读运河，地图寻位置			任务三：明眸探美景，慧脑解疑惑			任务四：观旅途见闻，思经济发展	合计（分）
	名片的展示效果（10分）	点评的专业程度（10分）	术语规范性（10分）	作答有效性（10分）	信息获取痕迹（10分）	学习参与程度（10分）	问题解决程度（10分）	小组代表展示满意度（10分）	助教满意度（5分）	
1	—	8	10	10	9	8	8	8	—	61
2	7	—	9	9	8	8	9	8	5	63
3	—	9	8	8	8	8	9	9	—	59
4	10	—	8	8	8	9	7	9	—	59
5	9	—	9	9	10	9	9	9	—	64
6	10	—	8	8	8	10	10	10	—	64
7	—	8	9	9	9	8	8	7	—	58
8	—	9	8	8	8	9	10	10	—	62

粤高教版八年级信息科技"让星星动起来——逐帧动画的制作"课堂实录

广东省佛山市南海区桂城街道桂江第二初级中学　许家媚

依据电脑室的机位安排，本节课将全班学生分为五大组，每个大组细分两小组，每小组4～5人。每大组一个学科管理助教，负责课前考勤管理、课堂纪律管理、课后小组检查评价等工作，是教师的小帮手；而课堂随机助教由课堂表现活跃突出的同学组成，负责辅导小组同学，代表本组发言展示、代表小组评价他人的观点和做法，是"助教评"和"小组赛"环节的主力军。

教师：同学们，我们一起来观看一个小动画，可以看到在深蓝色的夜空中，星星一闪一闪跳动，不停地眨眼睛，脸上露出了笑容。接下来请同学们思考两个问题：

（1）"星星眨眼睛"动画运用了什么原理？

（2）在Flash中如何实现"星星眨眼睛一闪一闪跳动"的动画效果？

图4-6

请各小组自主探究，合作学习，完成本节课发布的三个任务，制作"星星眨眼睛"的动画效果，期待你们的精彩表现哦！

任务一：认识时间轴和帧

学生结合微课视频学习时间轴和帧的理论知识，登录朝阳学堂平台，在线完成课堂测验，检测自学情况。

由学科管理助教A抽检同学们的答题情况，任意抽取课堂随机助教对抽检同学的答题情况进行解说、点评。助教A按照发言效果给发言小组加分，小组学科管理助教自行登分。

教师：从同学们刚刚做题情况的反馈来看，大家对时间轴和帧有了一个正确的认识，时间轴面板由图层的和帧组成，帧有关键帧、普通帧、空白关键帧三种类型，制作动画的本质实际是对帧的操作。接下来请同学们熟悉帧的基本操作，根据教师下发的学习资源完成任务二，创作"星星眨眼睛"的动画效果。

小组学科管理助教登记本组答题得分，答对一次加1分。

任务二：创作"星星眨眼睛"动画

学生参考微课视频的操作指引，探究制作"星星"图形元件的操作过程；在练习过程中率先完成操作任务的学生成为本轮的随机助教，可戴上助教牌去辅导协助小组其他同学解决操作难点。

由第3小组的小助教（小老师）上台演示制作"星星"图形元件的操作。其他小组的随机助教进行点评、补充、纠正。

教师：通过对帧的基本操作，我们成功完成了"星星"图形元件的绘制，可以看到库文件多了"星星"这一角色，那接下来我们该如何把"星星"请到舞台上来表演呢？请同学们继续探究，如何将库里面的"星星"调用到舞台上，实现"星星眨眼睛"的效果？

学生参考微课视频的操作指引，完成调用"星星"元件至舞台的操作，并设置"星星"表情动作不同步的动画效果。

抽取第5小组的小助教上台演示调用"星星"元件的操作，其他同学对上台演示的小助教进行操作点评。

教师：刚刚小助教向我们演示了调用"星星"元件到舞台的操作步骤，现在"星星"可以实现"一闪一闪跳动"的动画效果了，但同学们发现了吗，舞台上多个"星星"是同时"一闪一闪眨眼睛"的，有些不太合理，如何修改才能让"星星"表情动作不同步呢？

小组同学自主探究、合作交流。

抽取第2小组的小助教上台演示修改效果，其他学生对上台演示的小助教进行操作点评。

教师：从刚刚的操作可总结得出，要使"星星"表情动作不同步，只需要调整每颗"星星"的起始帧先后顺序即可。通过本轮的练习，我们已成功实现"星星眨眼睛"的效果，还有未完成的同学，要积极举手寻求小助教的帮助噢！已完成作品的同学将作品上交到朝阳学堂平台，各组同学开展自评、互评、点评活动。

由各组的学科管理助教登记本组随机助教的课堂得分，上台演示的小助教加10分，点评补充的随机助教加5分；辅导同学的随机助教加5分，完成作品成功上交的学生加5分。

任务三：分组分层任务挑战排位赛

同学们，通过实现让"星星眨眼睛"的动画效果，我们熟练掌握了逐帧动画的操作技巧，为了检验同学们的掌握情况，现在我们迎来了小组任务挑战赛，可以根据本组同学的实际操作情况从下面四个动画中任选其一，在规定的时间内实现相应的动画效果。（四选一：①制作"伏虎拳"动画；②制作"倒计时"动画；③制作"红绿灯"动画；④制作"写书法"动画）

制作"伏虎拳"动画　制作"倒计时"动画　制作"红绿灯"动画　制作"写书法"动画

图4-7

学生参考操作说明、范例素材，小组谈论交流，合作探究，选择一项适合本组能力的任务完成挑战，完成之后上交作品到朝阳学堂平台。

助教上台演示本组动画效果，其他组学生对演示的小组进行作品点评。

教师：对助教的点评做相应的补充，指引学生登录朝阳学堂平台进行作品自评、互评、点评活动，并在线完成"学生参与活动态度评价表""学生课堂练习效果评价表"。

上台演示的小组加10分，根据作品的创意效果可另加1～10分。

教师：这节课同学们表现得非常棒，教师在平台上看到全班同学都完成了本节课的任务，看到了你们创意满满的作品，看到了你们相互合作、相互帮助的身影，教师为你们点赞！希望你们继续发挥团队互帮互助的精神，希望更多的同学能成为助教，下节课期待你们更出色的表现！

第五章

教改推广

借得春风来，催成雏花开

——广东省佛山市南海区桂江一中课堂心育机制简介

广东省佛山市南海区桂城街道桂江第一初级中学　龙海平　薛晓燕

上课铃响后，课堂静悄悄的，所有学生都在做没有学过的练习题，十多分钟后，一名学生面带会意的笑容走上讲台，她就是今天当值的助教——"小教师"雯雯。五十多名学生都把目光集中到了她的身上。她侃侃而谈，时而提出问题，时而讲解疑难，时而在黑板上为各小组记录得分……雯雯的镇定和自信，以及她的综合表现，让听课的教师赞叹连连。这就是广东省佛山市南海区桂江一中"'练评讲'教学法行动研究"课题组公开课的一个片段。

一种教学法的背后就是一种教学理念和教育思想。而真正让学生受益的教学法，必然是符合学生心理成长需要的教学法。以提高学生的自主学习、合作学习能力为重要目标的新课程改革，针对中小学课堂教学要选择什么样的教学模式，建立什么样的课堂教学激励机制，实现什么样的心育目标提出了挑战。桂江一中从2007年9月开始，开展"'练评讲'教学法行动研究"，在课堂上引入助教制度，建立激励机制，提高了学生的学习兴趣，增强了学生的自信心，促进了学生的心理成长。在课堂上，建立起了心理健康教育的常规渗透机制和操作模式。

一、"练评讲"教学法：让学生在"尝试错误"中成长

何谓"练评讲"教学法？简单说来就是一种以学生先"练"（做练习）后"评"（评价、点评），教师先"评"后"讲"（讲课、讲解）为主要特征的

课堂教学模式。传统教学一般是先由教师讲解新知识，再由学生去做练习进行巩固。而"练评讲"教学法则把练习的环节放在最前面，让学生先从尝试错误中学习。美国心理学家桑代克曾做了一个叫作"饿猫开迷笼"的经典实验，实验中的小猫通过不断尝试、犯错，最终学会了开启笼门。"尝试错误"早就被心理学家的实验证明过，是学习的有效方法。正所谓"看过不如做过，做过不如错过"。学生通过练习过程中的错误和疑问，去主动探究知识，比起教师的"满堂灌"更能有效地获得新知识，巩固新知识。而练习题本身的梯度，又可以激发不同层次学生的学习兴趣，让学生找到成功的内驱力。

二、"助教制度"让学生助教他人，快乐自己

何谓"助教制度"？简单说来就是指培养和使用学生当"小教师"的制度。桂江一中通过学生自愿申请和教师推荐相结合，培训一批优秀的学生来参与组织课堂"练""评""讲"中的部分或整个教学环节，以及课堂和课后对个别同学进行"一帮一"的辅导。传统课堂中，"教"是教师的活动，学生只是负责"学"。但教育心理学的研究表明，同辈团体的影响是课堂教学效率的一种重要的现实因素。伟大教育家陶行知先生也曾经说过："孩子最好的教师，不是我，不是你，而是孩子队伍里最进步的孩子。"在教学实践中，我们发现小助教在课堂上的精彩表现往往比教师更能吸引同龄人，具有榜样的作用。而他们在课堂上以及课后对同伴的辅导更有助于教学目标的进一步达成。推行"助教制度"，让学生参与"教"的过程，不仅可以拓宽学生自主学习的途径，满足学生的表现欲，而且可以让全班同学上课的专注程度更高，学习兴趣更浓，学习榜样更加清晰。正如一位学生助教所言"助教制度，让我们助教他人，快乐自己"。

三、"课堂激励机制"让学生获得健康的情感体验

何谓"课堂激励机制"？它是指以完成具体的学习任务为目标，分小组竞争的课堂评比制度。为了调动同学们的积极性，桂江一中把每个班的学生分成五个学习小组，每一节课都会设置一两个项目让小组同学开展组内合作，组外竞争的评比活动，让课堂在"动"（做练习）起来的基础上"活"（活跃）

起来。这种评比机制不是在演戏，它关系到小组每个同学的切身利益，所以人人都得认真对待。比如，当天评比分数比较高的小组，能获得减免当天作业或自主设置课后作业的奖励。一个月累计分数比较高的小组会获得年级组的表彰和奖励。这样的课堂激励机制建立起来之后，我们高兴地看到，学生在各组助教的带动下，积极性不断提高，课堂闪耀着灵性的光辉。成功的小组，每个人都体验到了什么叫合作的需要，什么是胜利的快乐；失败的小组，每个人自然都会自省，反思不足，然后相互鼓励，坚定信念，在哪里摔倒，就在哪里站起来。成功与失败乃人生之平常事，经历多了，自然心态也就平和了，人也就更加成熟了。

初中阶段是人生极为重要的关键年龄期，在学生心理发展中占有特殊的地位。怎样提高这一阶段学生的心理素质，促进学生健康成长是学校教育迫切需要解决的问题。很多学校立足实际进行了积极的探索，可以说百花齐放。但桂江一中从教学法的研究和建构入手，在课堂教学中实施助教制度，建立激励机制，把课堂教学和心理健康教育有机地结合在一起，在课堂上，建立了具有学校特色的心理健康教育常规渗透机制和切实可行的操作模式，让人耳目一新。我们希望这种机制和模式，在"'练评讲'教学法行动研究"课题组全体教师的共同努力下，春风化雨，开出艳丽的心育花朵。

（本文发表在《中小学心理健康教育》2009年第6期第32页）

让学生跑在教师前面，做最好的自己

——桂江一中"练评讲"教育特色名校简介

广东省佛山市南海区桂城街道桂江第一初级中学 龙海平

一、千灯湖畔的特色名校

佛山市南海区桂城街道桂江第一初级中学，坐落在广佛交汇的桂城，美丽的千灯湖畔，目前有45个教学班，学生2468人，教职员工210人，是"广东省一级学校""广东省现代教育技术实验学校"和"广东省信息学十强学校"。在教育改革的浪潮中，桂江一中的"练评讲"特色彰显出独特的教育魅力，形成了服务南海，辐射全国的发展态势。

校训"自信自强，务实进取"，从心理和行为两个方面引导学生开拓进取，校徽北斗七星图案，预示着学校将打造引领性的文化。学校的育人目标是"铸就领袖气质，磨砺学者风度"，这是打造引领性文化的具体要求。

二、"练评讲"教育特色的创立

长期以来，"教师讲—学生练—教师评"，学生跟着教师走，这是传统学校课堂教学的最鲜明特点。今天，在教育改革浪潮推动下，我们能否让学生跑在教师的前面去，做学习的主人呢？桂江一中给出了令人信服的回答。他们以"'练评讲'教学法行动研究"为契机，再造教学流程，构建了"学生练—助教评—教师讲—小组赛"新的教学流程，他们称之为"练评讲"教学模式。与此同时，他们把一个班分成五个组，每个组都有一个学生当正助教，多名学生当学科助教，班级和课堂以助教小组为基本单位开展各项评比和竞赛活动，他们把这种模式叫做班级分组助教管理模式。经过改造后的教学，不再是教师的灌输，而是让学生在练习中产生认知冲突与疑惑，带着困惑去探究，辅以助教和教师的指导，完成知识的主动建构，并获得相应的技能。经过改造后的教学，有一个突出的特点，就是将教师的教法，学生的学法，班级的管法，有机地结合在一起了。突破了传统教学法的局限，实现了教学管理和德育管理的协调一致。

多少年来，我们的学校几乎都以考试分数为学生培养的唯一指标，育人方式单一化。在经济全球化和人才成长方式多元化的时代，我们能否提供适合学生多样化发展的教育？对此，桂江一中进行了富有成效的实践。他们不断挖掘"练评讲"教学模式和班级分组助教管理模式的实质，重寻教育本源，把"让每个学生都成为最好的自己"作为学校的育人方向，提出了"铸就领袖气质，磨砺学者风度"的特色育人目标，成功创建了"自主实践—同伴互助—名师指引—合作争先"的育人机制，他们称之为"练评讲"育人模式。学校通过成立助教协会，鼓励学生竞选"助教"，把分组助教管理从课堂内拓展到宿舍管理、饭堂管理、校园活动管理、学校文化建设等各项活动中去，培养学生的管理素质和自主学习能力，让学生"自信自强，务实进取"，成就最好的自己。经过变革的教育，应试只是一种能力，分数不是唯一的追求，学生可以在自主实践中成长，可以在同伴互助中成长，可以在名师指引下成才，也可以在合作争先的氛围中成长，还可以在诸多因素的共同作用下成长。经过变革的教育，有一个突出的优势：学校给学生搭建舞台，教师把学生推向前台，教学模式、班级管理模式、学校整体育人模式协同作用，提供适合学生的教育。

三、社会各界对"练评讲"教育特色的评价

广东省教育厅教研室主任吴惟粤考察桂江一中"练评讲"教育改革之后指出："桂江一中的'练评讲'教学改革，着力培养学生自主学习、合作学习、探究学习的习惯，从源头上真正减轻学生负担，让学生快乐成长，符合新课改精神，值得肯定。"

（摘自《广东教学》2011年第1835期编者的话《省教育厅教研室吴惟粤主任一行5人莅临桂江一中调研"练评讲"教学改革》一文）

佛山市教育局副局长赵银生（教育学博士）经过多次深入调研之后撰文指出："桂江一中的改革是从教学方法研究开始的，可与洋思经验、杜郎口改革相媲美。"

（摘自《佛山教育》第3期《总结提升，深化改革，走出一条公立学校特色办学之路》一文）

华南师范大学未来教育研究中心汪晓东博士在做桂江一中毕业生追踪调查时发现，经历"练评讲"模式洗礼，毕业生的发展后劲超乎预期。南海几所重点高中的学生会，骨干分子有半数来自桂江一中，且学习成绩名列前茅，如某年高考，以677分的成绩夺得南海理科亚军、佛山理科第三名的宋扬。

"现就读于南海一中高二年级的邝子凌，高一时就已经被破格提为学生会副主席。2011年暑假，她被邀请回桂江一中参加'练评讲'教育研讨会时很有感慨：'桂江一中3年助教经历，使我的胆量和口头表达能力有了明显的提升，我已经不再害怕公开演讲，甚至演讲时都不用打草稿。竞选演说的时候是脱稿演讲，特别要感谢助教这种方式对我的锻炼'"。

（摘自《佛山教育》第7期《我们不仅要善于批判一个旧世界，更要善于创造一个新世界》一文）

"长风破浪会有时，直挂云帆济沧海"，桂江一中的"练评讲"教育，特色鲜明，品质优良，影响力不断增强，已经形成了服务南海，辐射全国的态势，相信在不久的将来，桂江一中一定能够不负众望，成为名副其实的全国知名特色初中。

（本文于2012年2月16日发表在《广东教学报》1881期）

"练评讲"教育成就全国课改名校

广东省佛山市南海区桂城街道平洲第三初级中学　龙海平

"练评讲"教育应用研究至今已经走过十年历程。2012年9月"练评讲"教育模式创始人龙海平到平洲三中任校长。"练评讲"教育模式得以逐步推行。三年的实践，领导平洲三中这一薄弱学校华丽转身，教育教学质量得到了明显的提高。全国各地的教育考察团纷纷到访，三年间累计超过7000人次。平洲三中教师应邀异地上展示课已经成为常态。

一、什么是"练评讲"教育

"练评讲"教育模式是以"让学生走在教师前面，做最好的自己；让教师走在校长前面，做教育的先锋"为办学理念，以"问题—探究—展示—反思"为学生自主学习模式，以"学生练—助教评—教师讲—小组赛"为教学基本特征，以培养学生的公民风范、领袖气质、学者风度为目标，以"自主实践—同伴互助—名师指引—合作争先"为育人机制的一种学校教育方式。它的优势在于将教书育人、管理育人、文化育人融为一体，创造适合学生发展的教育。

"练评讲"教育培养的是不一样的学生，使学生善于实践，懂礼貌，求上进，有担当，阳光生活，自信自强。

"练评讲"教育锻造的是不一样的教师，使教师务实进取，善于学习，关爱学生，言传身教。

"练评讲"教育打造的是不一样的学校，使校园舒心和谐，师生关系融洽，生生关系和睦，学校就是一个乐园。

二、平洲三中怎样推行"练评讲"教育

2012年9月，龙海平到平洲三中任校长后，采用教师自主参与，年级以点带面，全校逐步推广的方式开展"练评讲"教育推行工作，在"练评讲"取得全校师生认同的基础上顺势而为。

最初是七年级高绮明、吴静两位班主任率先尝试班级分组助教管理。经过一个学期后，大家发现他们的两个班级在班风、学风、学习成绩等方面都比其他班级有明显的优势。于是七年级的其他班级纷纷效仿，初二、初三的班级也相继加入"练评讲"研究团队。2012—2013学年第二学期七年级参加南海区数学绿色质量监测取得南海区公办学校第一名，引起较大效应。全面推行分组助教管理模式水到渠成。

与班级自愿加入同步，教学处安排愿意尝试"练评讲"教学模式的教师上展示课，林权、杨志、黄丽华、朱锡江等成为首批志愿者。志愿者们率先实践，有所感悟之后便主动与人分享。他们的实践案例，很好地激发了教师们的兴趣，"练评讲"教学研究队伍不断壮大。

与教师自愿加入同步，学校不定期开展"无领导"论坛，分享实施"练评讲"教育的心得体会，探讨平洲三中的"练评讲"教育之路。这种论坛方式看似随意，实则作用巨大。2013年9月，"练评讲"教育已经实现学校各方面工作的全覆盖，并以意想不到的速度向周边地区辐射。

三、"练评讲"教育让平洲三中实现华丽转身

学校全面实施"练评讲"教育之后，真正实现了"让学生走在教师前面"，"让教师走在校长前面"，学生和教师的主观能动性充分发挥出来了，大家干劲十足，学校的办学水平也快速提高。

平洲三中在"练评讲"教育改革中崛起，办学质量不断提高，全国各地的学校纷纷来访，教师邀请异地教学展示也成为新常态。一种开放办学的新格局正在平洲三中形成。

（本文发表在《广东教育（综合版）》2015年第12期第21页）

"练评讲"教改激发师生成长内驱力

广东省佛山市南海区桂城街道映月中学　龙海平

十五年磨一剑，"练评讲"教改助力多校优质发展。

"'练评讲'教改前，少数学生体育课上怕苦怕累，没跑几圈就坐在地上不愿动。教改后，教师讲得更少更精炼，学生练得更多更有劲，学生互帮互助，奋力争先。"广东省佛山市南海区映月中学副校长肖伟举例说，"原来部分学生摆臂姿势不标准，教师难以一一纠正，如今各小组水平较高的助教成为一对一的私教，帮助小组成员矫正提升。"

"让学生走在教师前面，做最好的自己；让教师走在校长的前面，做教育的先锋；让家长走进行动中的课堂，跟上教育发展的脚步。"自2005年，"练评讲"教改倡导者龙海平在南海区石肯中学、桂江一中、映月中学推行教改以来，地处农村、城区、城乡结合部的三类学校，迅速蝶变成新优质学校。十五年磨一剑，"练评讲"教改星火如今在广东、海南、四川、贵州等15省呈燎原之势，惠及20多万人次师生。

一、重点突破让薄弱学校从恶性循环中解脱

带着破解困局的使命，2005年，石肯中学迎来新一届领导班子。时任校长龙海平带队大调研发现，作为薄弱农村初中，学校难以走出重输入轻输出的惯性发展路径，处于教学成绩常年倒数、生源质量日渐下滑的恶性循环中。

学校如何在顺国家政策的"天时"，趋南海教改高地的"地利"，谋全校上下齐心的"人和"的基础上，重塑因材施教、知行合一的教学模式，从困境

中突围呢?

作为从教多年的教育工作者,龙海平深感引导学生将知识内化为动手能力是"老大难"问题。他决定聚焦主要矛盾,深调研、大讨论、访名家,探求改革路径千百度。长期酝酿后,自小习武的龙海平灵光一闪:素质教育和中华武术一脉相通,都不是纸上谈兵,注重在实操中强化学习者的能力素养。

柳暗花明又一村。多年习武实践如何为教改提供借鉴?龙海平研究发现,部分师父以教为中心,不明学情就做示范,滔滔不绝地讲,效果一般。而高明的师父则以学为中心,先让徒弟练习,再根据学情量身定制教学方案,助力徒弟快速成长。

"练评讲"教改的"四梁八柱"逐渐清晰。改革如弈讲技法,要尊重发展的阶段性,循序渐进,"要让学生走在教师前面,用练习激发他们的学习内力觉醒,实现知识输入到能力输出的转换,逐渐学会自我学习、发展"。

"练评讲"教改注重抓主要矛盾,解决了主要矛盾,次要矛盾就迎刃而解了。当时石肯中学主要矛盾就是教学相对低效,亟需胜仗提升士气。谋定而后动,学校对症下药,推动以学为中心、以练为先导的"练评讲"教改。

"练评讲"教改强调练习,但与"题海战术"完全不同。当时,石肯中学所有初三教师都深入研究学情、教材,制订、精选串联所有重难点的高质量题目,学生在高效率训练中查缺补漏。不到一学期,学校初三学生期末考试、中考成绩跃升至全街道前列。

着此一子,满盘皆活,杂音尽消。学校声誉日隆,生源向好。桂城街道相关领导加大支持,助力学校跨入良性发展快车道。由此,"练评讲"教改之路越走越宽,在石肯中学萌芽吐绿,在桂江一中拔节生长,在映月中学枝繁叶茂。

二、"关键少数"引领教师共画教改同心圆

"练评讲"教改要因校制宜,而这需要熟知校情的关键少数,作为旗手打好第一枪,带动全体教师共画教改同心圆。映月中学党支部副书记、数学学科带头人郭润萍敢于先行先试,非常认同"练评讲"教改,学校选她作为开路先锋。仅用一学期,郭润萍就带数学科组从全街道中等冲进前列,打赢了"练评讲"教改示范战。

一炮打响，全校振奋。学校总结试点成功经验，为"练评讲"教改旗手明确了主攻方向：成为所在科目教改路径探索者，以生为主课堂的组织保障者，激励学生小组共进的评价者。

教师有没有动起来，是"练评讲"教改成败的关键。为摆脱改革动力层层递减的困境，校长身先士卒，建立学科组、备课组捆绑评价的教研机制，引导教师做"练评讲"教改"合伙人"，不做机械执行者。

映月中学英语教师杨志的课堂曾是独角戏。如今她通过翻转课堂引导学生课前预习、练习，备足"粮草弹药"，在课上打起小组擂台赛。

"练评讲"教改注重激发学校学科带头人直面痛点，乘胜追击。齐读课文等传统教法，学生厌倦，教师难辨学情。问题是什么？为什么？如何通过"练评讲"教改去解决？杨志带着英语全科组教师，用教科研"利器"破解教学难题，探索出小组内赛读、小组间赛读、小组间挑错、教师就共性问题点评的创新模式。他们摸索出初中英语不同课型的"练评讲"教改实施路径，连续三年拿到区级以上科研奖项。

以生为主的课堂组织形式易出现"一抓就死、一放就乱"的问题，怎样破解呢？"练评讲"教改探索出了"熟知学情、聚焦难点、做好导演、动态放权"的行动路径。郭润萍强调说，教师要胸有一盘棋，根据学生自主管理能力的变化动态调整放权力度，收得住、放得下。

"跑400米时，小组第一和最后达标时间如相差5秒以内，整组就可以少跑，要不就得多跑。"体育课上，肖伟善用评价"指挥棒"，引导学生强化团队合作，超越自我。

"练评讲"教改充分发挥先锋教师的引领作用，打赢科组优质发展攻坚战。教师罗静荷临近退休，杨志向她传授教学绝招。全科组齐心协力，近几年学校英语中考排名从垫底变为前列。

映月中学各科组教师变单兵作战为集体攻关，音乐等科组"平地起高楼"，学校大多科组在全街道数一数二。"练评讲"教改更让南海区石肯中学、桂江一中、映月中学三所学校很多教师破茧成蝶。朱红妹、崔伟德、吴奶珠、何咏天等一批青年教师就坐上了"直升机"，从新兵变为当地语文、体育、生物、历史等学科骨干教师。

三、学生在适才扬性中全面发展

"中国石拱桥"语文课成为映月中学初二（4）班学生的赛场。各小组充分运用所学，力争第一个在课文中找全7种说明方法所对应的语句。下定义说明方法作为难点，学生具鑫慧第一个突破，为小组夺得第一立了大功。

在有趣好玩的参与状态中，学生从"要我学"变为"我要学"，他们主动求知，运用所知所学破解问题、提升能力。"孩子们各有所长，学校要为他们提供适合的教育，适才扬性。""练评讲"教改鼓励教师运用面向人人的教育理念，让每个孩子都成为最好的自己。

映月中学每一个班都分成7个助教小组，每个小组都通过自愿申报、竞选，选出1名助教、若干名学科助教。学生人人都有助教岗位，这给天资聪慧的拔尖学生创造了"天高任鸟飞"的广阔天地。学校学生赵嘉颖作为助教上课时，胸有成竹地讲述重难点，让外校参观的教师错以为是新进教师。

原来陆叶的数学成绩老在及格线徘徊。胡幸妍等小组成员为她把脉开方、精准帮扶，陆叶很快拿到特优。映月中学教师专挑小组内成绩不太好的学生提问，将其表现作为小组考核的关键指标，促使助教小组成为互帮互助、共建共享的学习共同体。

"练评讲"教改注重五育并举。"练评讲"教改助力学校在升学等方面成为区域教育"领头羊"后，就转型升级，更着力推动助教模式在"课堂内外都开花"，促进学生全面发展。映月中学的社团活动基本上都是学生助教"挑大梁"。寒暑假，学生根据兴趣爱好组成各种社会实践小组。

"练评讲"教改更坚持德育为先，孕育出"分组助教管理"德育模式。映月中学学生助教成为班会导演和主演，从主题设计到具体操作都丰富多彩。

通过不断探索、完善，"练评讲"教改愈加完善。映月中学连续三年参加南海区教学绿色评价，学生各项测评指标均位居全区前列，更吸引了广东省内外4万多人次学校管理者、专家慕名前来取经。学校毫无保留地分享经验，辨症开方。

"一起来更精彩。"跨区域教育研究联盟成立后，"练评讲"教改带动92所学校共奔优质路，美美与共。目前，"练评讲"教改已在福建、湖南、江西等地生根开花，帮助更多学校打赢优质发展攻坚战。

（本文于2019年11月26日发表在《中国教育报》）

"练评讲"教育模式的建构性推行策略

广东省佛山市南海区桂城街道桂江第二初级中学　龙海平

广东省佛山市南海区教育局　俞秋雯

　　"练评讲"教育模式的推广运用必然为教育变革打开一扇窗——一扇由教师"会教"向学生"会学"再向教师指导学生"会练"转变的学校育人方式变革之窗。让更多的学校看到教学方式变革、德育方式变革、学校整体育人方式变革的联动效应。

一、"练评讲"教育模式的内涵与价值

　　"练评讲"教育模式，就是以"让学生走在教师的前面，做最好的自己；让教师走在校长的前面，做教育的先锋；让家长走进孩子的课堂，做教改的推手"为方向，以"学生练—助教评—教师讲—小组赛"为教学特征，以培养学生的公民风范、领袖气质、学者风度为目标，以"自主实践—同伴互助—名师指引—合作争先"为育人机制的一种学校教育方式。它的优势在于将教书育人、管理育人、文化育人、家校共育融为一个整体，创造出一种适合于学生发展的教育。"练评讲"教育模式的优势在于将教书育人、管理育人、文化育人、家校共育融为一个整体，创造出一种适合于学生发展的教育。"练评讲"教育模型图如图5-1所示。

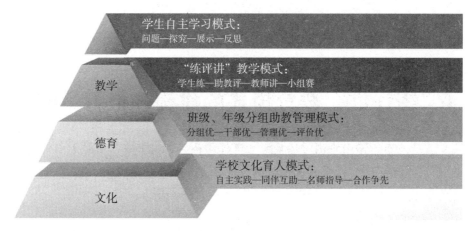

图5-1

二、用建构性的方法推行"练评讲"教育模式

"练评讲"教育模式的建构是一个从课堂教学改革到教育变革的历程。通过对传统的"教师讲—学生练—教师评"教学流程进行改造，建立起"学生练—助教评—教师讲—小组赛"的"练评讲"教学流程，然后拓展延伸到教学管理、德育管理、学生自主管理、学校整体育人方式变革，最终形成一种集教师的主导性、学生的自主性、家长的积极性、校长的引领性、学校的统整性为一体的联动机制和操作系统。

2012年9月，"练评讲"教育模式创建人龙海平到映月中学任校长，决定运用"练评讲"教育模式改造薄弱学校，但如何推行却成为一个重要的问题。经过充分讨论，集思广益，决定放弃常规的整体"移栽"式的推广路径，按照从课堂教学改革到教育变革的建模路径推行，发挥使用者主观能动作用，鼓励教师们因地制宜，创造性地使用"练评讲"。我们把这种推广方法叫作建构性的推广方法。

用建构性的方法推广"练评讲"，对于创建者来说就是重走一次"长征路"，锤炼出"练评讲"教育模式在不同环境条件下的生长能力。对于使用者来说就是立足学科和班级实际，遵循模式建构的规律培植"练评讲"。

为什么要选择建构性的推广方法？这是因为任何教育模式都是在一定的

教育思想理念指导下，通过实践检验最终成型的，"练评讲"教育模式也不例外。不同学校、不同学科的环境条件是不一样的，薄弱学校在师资结构、生源基础、办学设施条件等短时期内没有办法改变的情况下，激发教师的主观能动作用，鼓励教师在一定的思想理念指导下自主建构"练评讲"成为最佳的选择。

经过多年的努力，我们用事实证明当初的选择是正确的。学校连续多年参加南海区教学质量绿色监测，学生在思想品德、学业水平、身心发展、兴趣特长、课业负担等项目综合得分稳居南海区前列。学校的办学质量显著提高。特别是学校将"练评讲"教学模式与信息化相融合，形成了"练评讲+电子书包"教学新机制，得到教育部的充分肯定。2015年12月，映月中学受邀在全国基础教育信息化应用现场会上做题为"信息化让薄弱学校弯道超车"专题汇报，引发较大反响。2018年映月中学被评为南海区高效课堂示范学校。2019年学校的"'练评讲'教育模式的应用研究"成果荣获佛山市教学成果评选一等奖。2020年4月"南方+"平台开设映月中学"练评讲"教学主页网课。2020年6月24日我们接受中央电视台连线专访，介绍"练评讲"网课的做法与实效。

用建构性的方法推行"练评讲"，需要做好以下几个方面的工作。

（一）建立"练评讲"教学场景

（1）将课文内容还原成要解决的问题。

（2）对问题进行结构化处理。

（3）对结构化的问题进行情景化处理。

（4）把情景化的问题放到"学生练—助教评—教师讲—小组赛"教学流程中去解决，形成"练评讲"教学场景。

例如，对于初一数学"利用三角形全等测距离"一课，我们可以还原成两个情景化的问题：一是如何测量我军阵地与敌军碉堡距离？二是如何测量池塘两端的距离？两个问题要解决的都是三角形全等原理在日常生活中的运用问题，具体讲就是要将日常生活中不可测量的实际问题转变成可以测量的数学问题。但两个问题的能力要求不一样，前者只是三角形全等原理的一般运用，学生相对比较容易理解，属于低阶思维能力层次的问题；后者需要拓展思维，设置延长线或者作垂直辅助线才能解决，属于高阶思维能力层次的问题。两者之间形成了从低阶到高阶的能力结构，情景也从一般情景变成了复杂情景。"练评讲"教学机制就是要将这些结构化和情景化的问题，放到"学生练—助教评—教师讲—小组赛"教学流程中去解决。

（二）建立班级、年级分组助教管理场景

（1）班级分组助教管理机制，主要是对学生进行管理。将每个班级按照组间同质、组内异质的原则分成5～7个小组，我们习惯称之为助教小组。每个小组选出助教组长，组内设置学科代表，也叫学科助教。每个助教小组设置1位指导教师，我们称之为导师。每个助教小组在导师的指导下，轮流值日管理班级事务。

（2）年级分组助教管理机制，就是将每个年级教师分成5～7个小组，大型的学校可以按照学科备课组为单位进行分组。每个小组里面设置小组长和助教（助手）；年级内部以小组为单位开展各项评比活动，如师德评比活动、师能评比活动、师艺评比活动等。

（三）建立"练评讲"文化育人场景

学校文化说到底就是人们在学校的一种生活状态。学生社团活动、家校合作活动是学校文化的重要载体。"练评讲"文化育人场景建设就是以学生社团、家校活动为主要阵地，以项目活动为抓手，以"自主实践—同伴互助—教师指引—合作争先"流程为主线，加强"练评讲"教育特色文化建设。

1. 加强学生社团文化建设

首先帮助学生社团参照班级管理的做法进行分组，选出助教组长和助教（骨干成员），每个助教小组聘请一名教师和一名家长做导师。每个社团助教小组需要按照"自主实践（练）—同伴互助（评）—教师指引（讲）—合作争先（赛）"流程轮流主持开展社团活动。

2. 加强家校合作文化建设

引导家长积极参与班级助教小组建设，关注学生在班级助教小组和社团助教小组的交流情况；接受社团邀请，直接参与校内外的家校合作共建活动。

（四）建立学生自主学习场景

学生自主学习场景不可能凭空产生，需要学校的教学、德育、文化等场景来支撑。如果学校在教学、德育、文化管理等方面缺乏让学生主动参与的机制，学生就很难养成自主学习、自主管理和自主发展的习惯，学校最终就无法建立起学生自主学习的场景。"练评讲"教育模式让学生走在教师的前面，让教师走在校长的前面，让家长走进孩子的课堂，目的就是建立学生自主学习场景，由外而内帮助学生养成"问题—探究—展示—反思"自主学习习惯。

为什么是"问题—探究—展示—反思"的自主学习习惯呢？那是因为"学生练—助教评—教师讲—小组赛"就像一条主线始终贯穿学校教育教学的整个过程，学生在这样的校园环境中学习和生活，"练评讲赛"已经内化为一种思维习惯。学生的自主学习实际上就是在没有助教"评"、没有教师"讲"、没有小组"赛"，甚至没有教师预先设置"问题"的情况下的一种自我学习行动。这个时候，由于习惯的作用，他们会自己寻找一种问题解决流程来替代。由于我们平常的"学生练"，基本上都是基于教师设置的问题的"练"，在缺乏教师问题的前提下，学生只能自己寻找问题来"练"，所以学生自主学习的流程第一步是找到"问题"。平常解决问题的第二步是"助教评"，在没有助教评的情况下，学生只能选择自主探究，所以自主学习的第二步是"探究"。平常问题解决的第三步是"教师讲"，在没有教师"讲"的情况下，学生必然选择通过思维或行为的可视化对外"展示"自己对"问题"进行"探究"之后的解决办法，所以自主学习的第三步是"展示"。平常问题解决"小组赛"贯穿始终，在没有小组"赛"的情况下，学生只能不断地强化自我反思，所以"反思"将贯穿自主学习活动的始终。这样"问题—探究—展示—反思"就成为"练评讲"教育模式下学生自主学习的一种基本状态。

（本文发表在《广东教育（综合版）》2021年第11期第87、88页）

附 录

"练评讲"特色育人模式，让学生做最好的自己

桂江一中"练评讲"特色育人模式，开启学生自主发展的发动机，开辟现代人才培养新途径，让学生做最好的自己。

"在桂江一中读书时，一张卷子下来，就让自己去备课，为了做好这张卷子以备好这节课，凡事得自己去查书，要把知识点掌握得特别牢固，才有胆量站在讲台上去评讲，而这种自主学习能力，让我顺利过渡到高中。"开学前夕，桂江一中15名毕业生共聚一堂，畅谈桂江一中"练评讲"特色育人模式体会时，梁皓彬同学表达了上述感慨。

桂江一中从2007年起，开始推行"练评讲"特色育人模式，四年来，该模式不断纵深化发展，影响已经不再局限于教学上，而是影响着学校办学每一领域，已建构为一种现代人才培养新模式。

华南师范大学未来教育研究中心汪晓东博士在做桂江一中毕业生追踪调查时发现，在该校新培养模式下，学生经历"练评讲"模式"洗礼"，毕业生的发展后劲超乎预期，在南海几所重点高中的学生会，骨干分子有半数来自桂江一中，且学习成绩名列前茅，如今年高考以677分的成绩夺得南海理科亚军、佛山理科第三名的宋扬，就是来自桂江一中的毕业生。

一、花样岁月

桂江一中15名校友再聚一堂，畅谈当年初中3年的青春岁月，回忆求学点滴时光，都兴奋不已。这15名校友，有的已经是名牌大学的大学生了，有的还是高中生，但他们有的是独当一面的学生会骨干；有的今年刚初中毕业，即将踏入高中，准备开始新的求学生涯……

在南海一中读高二的邝子凌，她在高一时已经被破格提为学生会副主席。竞选当天，她落落大方和自信的表现，赢得了评委的高度赞赏。"桂江一中3年

助教经历，使我像小教师一样，站在讲台前，给全班同学评试卷，讲试题，在无数次的锻炼中，我的胆量和口头表达能力有了明显的提升，我已经不再害怕公开演讲，甚至演讲时都不用打草稿。同时，这段经历也提升了我的自主学习能力，提高了我的管理、沟通能力。"邝子凌认为桂江一中3年学习给予了她足够的底气。她自豪地说："竞选演说的时候，其他同学都是拿稿子念，有些甚至念稿都念不好，只有我一个人是脱稿演讲。无论是语言表达还是仪态表情，都让评委教师感到惊奇。那一刻，我真的很自信自豪。感谢母校桂江一中的培养，特别要感谢助教这种方式对我的锻炼。"

桂江一中毕业生陈欣，现已"身居"石门中学团委秘书长要职。"当年'练、评、讲'模式，每节课一扔下来就是一张试卷，为了搞懂和掌握里面的知识点，就需要自己去查阅资料，这很好地培养了我的自主学习能力，所以高中社团工作再忙，我也能应付自如。"陈欣说。

"在小学我只知道作业和试卷，只知道任务，到初中之后，教师却成了我的引路人，不是托着我们走，而是帮助我找到兴趣点，让我喜欢每一个科目，学习它们，了解它们，桂江一中的3年学习，让我接轨高中生活很顺利。"来自石门中学的陈厚源同学在旁边也忍不住发言说。

15名校友，从幼稚到成熟的成长点滴，总有说不完的话语。"在桂江一中接受'练、评、讲'育人模式'洗礼'，让我得到无数次的锻炼，积蓄了很多能量，使我的演说能力、思维能力、管理能力都得到了极大的提高，在接下来的求学生涯，垫高了自己的求学起点，从而让自己更有自信。"邝子凌在总结时这样说。

二、改革解读

（一）立足长远，让学生做最好的自己

可以说，桂江一中这15名校友代表，既是接受过该校"练、评、讲"特色育人模式"洗礼"的学子，也是桂江一中近年来反思教学和总结改革成败的一面镜子，"所以这次校友相聚意义重大"，桂江一中校长龙海平说。

所谓"练、评、讲"特色育人模式，就是以培养学生的领袖气质、学者风度和公民风范为目标，以"自主实践—同伴互助—名师指引—合作争先"为

特征的育人机制。其中"自主实践，'练'的机制是育人的前提；同伴互助，'评'的机制是育人的有效方式；名师指引，'讲'的机制是育人的重要保障；合作争先，'赛'的机制是育人重要方法。这四大机制，相互协调，构成一个育人系统。"龙海平校长解释说。

"经济全球化，带来文化多元融合。文化的多元融合，促使人才成长方式多元化。建立在农业文明基础上的"教师教—学生学"的传统育人方式显然难以满足工业文明、后工业文明时代人才成长的需要而受到前所未有的挑战。随着人类活动方式（主要是生产方式、生活方式以及由此派生出来的思维方式）的根本性和整体性变革，"教师教—学生学"的教育方式，也只是人才培养的一个重要方式而已，绝不可能成为唯一的方式。学生的成长方式是多元的，他们可以在自主实践中成长，可以在同伴互助中成长，可以在名师指导中成长，可以在团队的合作竞争中成长，还可以在以上因素的协同作用中成长，这是不用争辩的客观事实。因此，现代学校教育需要改革"教师讲—学生听"的单向课堂传输方式，建立一种有利于学生多途径成长的育人机制，让学生全面而有个性地发展，做最好的自己"，龙海平说出了自己的独到见解。

记者曾多次探寻桂江一中的"练评讲"育人模式的独特之处，"让学生跑在教师的前面"和"让学生做最好的自己"可以说是该模式的精髓所在。

（二）互助共进，教是为了不教

学生做练习，必然会出错，必然产生困惑，且不同的学生会产生不同的困惑，这就需要更多的个性化的"评"，教师只有一人，课堂也只有40分钟，"练评讲"特色育人模式如何解决这难题？

为解决这一问题，桂江一中在教学组织形式上做了调整，将"学生练"的环节前置，并且设置课堂教学"五有"（有练习卷、有学生先练，有助教先评、有教师讲、有小组赛）的监督机制。具体来说，每个班分成若干个固定小组，每组除了有组长（正助教），每门学科设置一位学科代表（学科助教），练习完之后，首先进行组内讨论，由正助教和学科助教指导、答疑，助教都解决不了的问题，由教师过来指导。这样，大部分问题在组内讨论的时候就已经得到解决。互助共进，反过来也促进了自主学习。

在"练""评""讲"的基础上，桂江一中还创造性地将"竞争"融入育人模式之中。邝子凌说："为了自己小组不扣分，对于学习成绩稍差的同学，我们全组人都去帮他，这种积极向上的学习风貌，是以前没见过的。"

现读石门中学的张雯婷，初二时曾帮带过一名数学成绩比较差的同学，"辅导他时，其实是教学相长，互助共进，为了能深入浅出地帮助同学，自己要花很多精力钻研知识，同时我帮助他从30分升至67分，这里面我看到的不仅是责任，更是团队取得成果的骄傲。"张雯婷说。

华南师范大学未来教育研究中心汪晓东博士评价说："一位教师很难在四十分钟的课堂内对各组都进行个性化指导，助教则可起到补充的作用。在一个班上，总有一些学生在学习上是富有余力的，可以协助教师进行指导，同为学生的助教更了解学生的想法和困惑，可以从学生的角度来答疑解惑，有时可以获得意想不到的效果"。

（三）厚积薄发，人才层出不穷

事实上，桂江一中"练评讲"特色育人模式现已不再局限于教学上，而是延伸到学校每一个领域。学校的一切教育活动都以促进学生自主实践为依托，建立自主实践机制，包括自主学习机制、自主管理机制、自我教育机制、社会实践机制等。

"新育人模式下，通过建立一系列机制，以培养学生的社会责任感、创新精神和实践能力为重点，直接指向学校要建设什么样的文化，培育什么样的人才以及怎样操作这一核心问题，因此，学校以改革学校文化入手，通过四年努力形成新的制度和文化，为新育人模式稳步发展提供保障。"桂江一中校长龙海平说。

近年来，桂江一中在"练评讲"特色育人模式推动下，办学成绩稳步提升。2009年中考，桂江一中有28位学生进入南海区前600名，入围人数居南海区公办学校第一位；2010年中考，桂江一中有38位学生进入南海区前600名，入围人数南海公办学校第一；2011年中考，桂江一中有32为学生进入南海区前600名，获得南海区教育系统先进集体称号。南海区初三综合能力竞赛2009年，2010年，2011年连续三年获得一等奖和南海区公办学校第一名。

在其他领域的成绩也可圈可点，桂江一中2009年至2011年已经连续3年，在桂城教育局组织的每年的学科竞赛专项评价记分奖励中，语文、数学、英语、体育、历史等统考科目竞赛保持最好成绩，艺术、生物、地理等学科也稳居桂城所有学校第一名。可以说，桂江一中已经名副其实地步入了全面发展的快车道。

特别值得骄傲的是桂江一中的信息学竞赛，2008年以来，已经连续4年稳居广东省初中学校团体第一名。

特长生培养更是令人瞩目。桂江一中已经连续4年源源不断地向石门中学输送共9位信息学尖子，分别是2008年的宋扬（现就读于清华大学）、刘俊泳（现就读于中山大学）、刘展祺（现就读于新加坡南洋理工大学），2009年的符汉杰（现已被复旦大学提前录取）、伦宇辉（已获得重点大学保送资格），2010年的丁家怡（已获得重点大学保送资格）、游沛杰（已获得重点大学保送资格），以及2011年的黎才华和王泽森。这些都是代表过桂江一中多次参加广东省信息学竞赛打拼出来的赫赫有名的尖子。

另外，桂江一中今年做毕业生追踪调查发现，毕业生的发展后劲超乎预期。在南海几所重点高中，学生会骨干分子有半数来自桂江一中，且学习成绩名列前茅。特别值得一提的是，今年高考，以677分的成绩夺得南海理科亚军、佛山理科第三名的宋扬（清华大学），以及最近在吉林大学举行的2011年全国青少年信息学竞赛中夺得银牌的符汉杰（被复旦大学现场提前录取），都是桂江一中毕业生的优秀代表。

三、学子感言

（一）在讲台上，我拾获了自信

在初中，我最难忘的，就是第一次作为助教在电教中心上公开课。我和李子为同学作为英语科助教，给全班同学评讲试题，当天听课的还有各年级英语教师，以及初一、初二年级的助教等。为了上好这堂公开课，我和搭档花了很多心思去准备，不仅将课件看了很多遍，而且将课堂上可能说到的每一句话都写下来，几乎可以倒背如流。但是，等到与教师演练后才发现，还是有很多问题，包括不会衔接，不会与同学互动沟通等，在听取教师的意见后，我们从语言、动作上进行了改进。在反复磨炼之后，公开课成功了，在同学间反响都不错，给了我极大的鼓励。

在初三的时候，我们与任教初一英语的周建华教师合作，为广东外语外贸大学附设外语学校初三学生上公开课。是专门为全国研讨会上的，但我和搭档丝毫不紧张，配合教师很好地展示了"练评讲"助教模式的课堂特色。课后，那些名师、专家追问了我们很多问题，如助教评讲练习会不会很花时间，会不会影响学业。我说，第一次尝试花的时间相对多点，到后来，越来越熟练，很多时候，拿到一份试题，就会条件反射地思考这个题目考察什么知识点，应该怎么讲，同学们可能会问什么问题等，成了一种思维习惯，很短时间就"备好课"了。不但不影响学习，反而成绩提高很快。当我遇到困难时，想到曾经在一番努力之后上了一节很好的公开课，得到大家的认同，就感觉信心都回来了。

——张志美，桂江一中2011届毕业生，现考入桂城中学

（二）自由土壤，使我全面发展

在桂江一中的三年，我感受最深的两个字就是"自由"，这种自由包括课堂上可以自己安排干什么事，课后也没什么束缚，作业可以灵活处理等。印象很深的是很多教师经常让我自己学习，不用跟课堂的进度。比如我初二学习物理时总是超前好几章节，有什么知识点、难题，都是自己先学习解决了，教师就检测一下我，过了就OK了。现在想想，这种"自由"其实是对我的自主学习和超前学习的习惯和能力的培养，它让我习惯自主学习，有更多的时间发展自己的兴趣爱好。我想，也许这就是"磨砺学者风度"吧。也正是这种"自由"，让我有了全面发展的可能，在初中时，我先后参加了数学、信息学、物理学、化学、生物学等学科竞赛，取得了省级、国家级一、二等奖，成绩还不错。中考前两个月，我提前去石门中学参加信息学竞赛集训。这显然会影响到中考成绩的发挥。但是为了我的个人发展，学校和教师还是支持我去参加集训，班主任还给我写了一封信，写了很多鼓励的话，还附了一颗巧克力，让我很感动。集训后，我获得了2008年广东省青少年信息学奥林匹克竞赛决赛初中组第一名，我想这一成绩的背后，凝聚着众多教师的心血。正是学校的宽松的体制、相对自由的平台，让学生跑在前面的练评讲教学理念，给了我个性发展的机会，使我的学习之路走得更远。

——宋扬，桂江一中2008届毕业生，在2011年高考中以677分的成绩，夺得南海理科亚军、佛山理科总分第三名，被清华大学录取

（本文来自2011年10月28日《珠江时报》，记者徐林清、王娟）

一场悄然的教育变革

"练评讲"教学模式不断深入发展，南海区平洲三中焕发新生命力。

该校田径队引入"练评讲"教学模式，激发学生运动激情，省传统项目学校田径锦标赛横扫6枚金牌。

珠江时报讯（记者/徐林清）

总共才24枚金牌，被他们横扫了6枚！近日，记者从南海区平洲三中获悉，该校在刚结束的暑假期间，参加2013年广东省传统项目学校田径锦标赛，在全省49所参赛学校之中脱颖而出，取得乙组团体总分第二名的佳绩，这也是近年来佛山在该锦标赛中取得成绩最好的一次。

传统田径名校再次发威

广东省传统项目学校田径锦标赛，历来是省内各田径知名学校竞技的重要平台，2013年，来自全省的49所学校派出田径精英一决高下，角逐24枚金牌。

南海区平洲三中共派出10名田径精英，一举横扫了女子100米、400米跨栏比赛，女子800米、1500米长跑，以及男子800米、1500米长跑等六个项目金牌，占金牌总数1/4，这在当地引起不小震动。值得一提的是，平洲三中在这次锦标赛中，在乙组以团体总分92分位居第二名，比第三名高出17分之多。

"平洲三中田径运动项目，一直以来都是强项，每年在桂城街道、南海区等级别比赛中，都稳居前茅。"本身毕业于平洲三中，现又任教于该校的体育教师黄明浚，从20世纪80年代末一直见证着该校田径运动项目的辉煌。

平洲三中田径运动项目有着深厚底蕴，多年来除了学校和南海教育部门强抓不懈外，学校周边企业，如南海风行电器、宝索机械等都在资金上给予必要支持，让该校田径运动项目有了可持续发展的动力。据介绍，该校近十年来为国家输送大量体育人才。

据介绍，这次平洲三中代表佛山参赛的成绩，刷新了佛山近年来在该锦标赛的成绩排行榜，为近十年最好的一次。"这次成绩的取得，除学校田径项目根基扎实外，更重要的是，这次比赛训练较以前更科学，每一次训练就是一场比赛，学生更有运动激情。"该校体育教师姚兵说。

一个运动员一种教学方法

据介绍，平洲三中田径队采用"练评讲"教学模式，把学生分成A、B组，每一次训练都以小组竞赛的方式进行，这种训练模式满足了初中学生好胜的心理需要，很好地激发了学生的运动激情。"队员的自信心来自有效的训练方式，平常训练学生都能够很快进入'比赛'状态，正式比赛他们就不会怯场。"该校体育教师姚兵说。

"同时，一个运动员就是一种教学方法，一般来说，教师不会直讲，而是通过让学生自觉练习，去发现存在的不足，这也是平洲三中推行'练评讲'教学模式之后，进一步创新的训练方式。"姚兵说。林晓锴同学这次跨栏比赛虽然只获第七名，但坦言收获颇丰。"比赛场上情况千变万化，教师平时通过训练让我们独立思考，自行分析问题，通过自行录制视频发现不足，提升自己的爆发力、速度、韧性和综合能力，'练评讲'的授之以渔教学方法让我很快成长。"林晓锴说。

"练评讲"模式，重点放在先让学生"练"，让学生带着问题去研究，更能激发学生的能动性，随着自学能力提升，就能触类旁通。广东省教育厅教研室教研员庄弼认为，该模式充分激发了学生参与体育课的兴趣很好地落实了"情感态度、价值观"目标；增加了学生训练密度和运动负荷，很好地落实了"过程与方法"目标；提高了学生的运动技能，很好地落实了"知识与技能"目标。

从教学改革到教育变革

其实，"练评讲"教学模式的推行至今已走过8年，最早在2005年，龙海平时任石碣中学校长，率先在该校初三级推行"练评讲"教学法，2006、2007连续两年该校中考成绩跃居桂城公办类学校第三位，期间还出了一名南海区公办类学校中考状元。2007年起，该教育改革在桂江一中全校推行，同样在各类学科竞赛、中考成绩屡创佳绩，受到国内各级媒体关注，去年《中国教师报》在头版专门做了篇幅较大的新闻报道。

"练评讲"教学模式发展至今，从桂江一中到平洲三中该教学模式已经从教学改革变为教育变革。目前，该模式借助"分组助教管理模式"，以助教小组为单位实施管理和评价，实现了学生自主管理：助教小组要轮流值日，轮流主持班会课和家长会。助教小组内部，学生之间结成帮扶对子，互助互学；助教小组之间，开展各项评比和竞赛，包括课堂学习表现评比、体育卫生工作评价、宿舍纪律评比等，而班主任也从教练员转变为裁判员。

肇庆学院政法学院副院长李佩环博士带学生到平洲三中观摩"练评讲"教学模式时感言："我多次带学生到中学听课，'练评讲'课堂，我第一次见过。这样的课堂氛围好，教师教得轻松，学生学得愉快，已经摆脱了传统政治课枯燥乏味的困扰，确实是一种可行的创新实践。"

该教育模式去年荣获由广东省人民政府颁发的省普教成果二等奖，并在2013年的省教育科研会议上进行展示和交流，而其影响力也逐步扩大到珠三角。

用事实证明其生命力

据不完全统计，仅在2013年上半年，海南三亚、河南焦作、广东省教育厅的名师培训项目组、广东珠海、肇庆、江门、梅州、禅城等地18批教育考察团纷纷前往平洲三中取经，累积到访人数超千人。其中，在市内的佛山三中（初中部）教师更是年内两次前往交流。"很多教学改革，由于功利性太强，只重视课堂教学形式的变化，只追求考试分数，常常忽视德育的支撑作用，显得后劲不足，道路越走越窄，而平洲三中（映月中学）先牢固德育基础，再谋求教学改革，稳步推进，有可取之处。"佛山三中副校长谭翔感触颇深。

华南师范大学汪晓东博士从桂江一中时起，就一直关注"练评讲"教学改革，对于该模式"落户"平洲三中，他认为平洲三中成功推行"练评讲"教育有两个重要因素起作用：一是平洲三中学校发展的内外部环境和条件进一步激发了师生的改革热情；二是"练评讲"教育研究已经能够为师生的改革行动提供路径和文化承载。该教学模式也用事实证明了其生命力。该校在办学起点相对较低的情况下，关注每个学生，构建班级助教学习小组，让全体学生都得到充分发展。在今年中考，考生合格率达90%，超出南海区平均水平10%，重点中学上线率高达49.8%，中考体育成绩更是突出，跃居南海区公办初中第一。此外，该校其他年级期末统考成绩，初一级总分总率再次稳居街道8所公办初中第一，其中数学排名第一，政治第二，语文、英语第三；初二级成绩稳中有升，其中语文第二，物理第三，英语第四。

2013年7月，南海区教育局以七年级的数学为样本科目对全区所有初中进行学业质量绿色监测评估，平洲三中学生数学学业成绩在全区公办学校中遥遥领先，还胜过部分实验类学校。

（本文来自2013年9月10日《珠江时报》，记者徐林清）

南海区映月中学"练评讲"植入网课，让学生做学习的主人

在实施素质教育的今天，教师应该学会"授人以渔"，在教学的过程中注重获取知识方法的培养，在课堂上提供给学生摸索学习方法的时间和空间，让学生成为学习真正的主人。

如今在南海区映月中学，校长龙海平与他的同事们将这个理论具体细化为"练评讲"教学法，他们在实践中让学生走在教师的前面，做最好的自己；让教师走在校长的前面，做教育的先锋；让家长走进孩子的课堂，做教改的推手。

特别是当下全校1783名学生只能通过"网课"推进学业阶段，该校"练评讲"教学法显现出它的优势，让学生、教师、家长在新冠疫情期间吃下"定心丸"，保证了教学质量。

"翻转课堂"调动学生学习积极性

欧阳艳冰是映月中学初三年级一名历史教师，疫情给她推进中考备战带来了新挑战。"现在上网课，我讲课时间就最后20分钟，之前课堂时间完全由学生来操作，比如他们可以将之前预习的课程内容向我反馈，避免出现教学内容'满堂灌输'情况。"欧阳艳冰表示，因为学校持续多年推进"练评讲"教学模式，每一名学生入学后就开始熟悉，只不过现在的授课形式变为了线上授课，但是效果不打折扣。

华南师范大学教育信息技术学院师生曾来到映月中学进行调研，他们发现该校"练评讲"教学模式就是具有本土特色的翻转课堂模式。

之所以称它为"翻转课堂"，是因为它将传统的教师先讲的"讲练评"教学模式，翻转成为学生先练的"练评讲"模式。前者以教师的教为中心，后者把学生的"练"放在课堂的首位，从学生练习入手，让学生互评，学生能讲的

尽量让学生讲，学生不懂的才由教师讲，形成以学生自主学习、自主管理为核心的教育模式。

另外，称它为"本土"，是因为它将德育管理、小组评价融入其中，国外不可能有这样的机制。

随着"练评讲"教学法的不断发展，该模式的影响已经不再局限于教学，而是延伸为一种人才培养新模式。"'练评讲'模式主张尊重人才成长的基本规律，对学生的今天和未来负责，再造教学流程，重寻教育本源，让每一个学生都积极去做最好的自己。"龙海平这样理解"练评讲"教学深层次意义。

基于客观现实，映月中学所处区域属于城乡接合部，很多学生缺乏自主学习意识，没有良好的行为习惯，更需要龙海平带着他的团队去攻坚克难：让这些处于青春期的学生，培养正确的学习态度。

"我们在每一个小组里都安排了尖子生、后进生，这样的安排不仅仅是考虑到学业上的'比学帮超'，更重要的是在学生中建立一种互相影响、激励机制。"龙海平指出，现在每天上"网课"前，每个小组都会检查成员是否有交作业，另外对当天"网课"内容评讲，都会让每个学生参与，进而调动所有学生学习积极性。

课程设置巧妙引领教学改革

"古之学者必有师。师者，所以传道授业解惑也。"这句古语揭示了教师在教学中的重要性。

但是如今部分教师以教为中心，不明学情就做示范，滔滔不绝地讲，效果一般。而高明的教师则以学为中心，先让学生练习，再根据学情量身定制教学方案，使学生快速成长，所以在映月中学的"练评讲"教学法中，教师课程设置很重要。

黄俭红是该校初一年级数学教师，根据线上授课特点，她会给学生在第二天前准备个预习提纲，但是具体预习内容由学生自己熟悉。"他们把不清楚的知识点梳理下，到'网课'时间，首先他们可以听听其他小组成员是如何作答，如果大家都找到共性难点，再由我来集中解惑，另外我还会组织小组赛，检测每个小组学习情况，从而有针对性地安排下阶段课程。"

值得关注的是，对于其他学校在现阶段设置"云备课组"，即安排同一科目教师组成备课组，集体备课集体批改作业，并由优秀教师进行总指导的做法，映月中学有不同看法。

"我们没有全校统一的教学PPT，因为按照我们'练评讲'教学法，一名教师把所有精力专注于某一个班级，这个班级的学业和思想品德教育会因为他有的放矢，显现出很好的效果。"龙海平介绍，学校尊重每一位教师，他们在教学评价方面，有最终的评定权。"每位教师给自己设置课程，其评价方式的出发点都不一样，如果完全由优秀教师、学校领导来评价，会挫伤部分教师的积极性。"

龙海平坦言，每一个学科都有其特点，更需要教师"我的地盘我做主"。

"综合实践课是不纳入中考范畴的，但是它是一门能提高人综合素质的课程，如果拿分数衡量学生在这方面的成绩是失之偏颇的，所以任课教师会更侧重于对学生创意思维、实践能力等进行评价。"

家长"进课堂"推动教学新变革

现在要营造良好的教育氛围，已经不单单是教师到学生这个单线联系，它更应该把家长纳入其中，形成一个稳固的"三角关系"。

面对辖区学生家庭教育不理想的现实情况，映月中学积极引导家长参与学校的教育教学改革：从七年级开始，"教室门"面向所有家长开放。

"700多名七年级学生家长受邀来听课，他们来听课除了填写评课问卷，部分家长还进行了现场评课。"龙海平指出，"练评讲"教学法不是作秀活动，它需要家长对"练评讲"课堂提出意见和看法，学校从中获取有价值的信息，为下一步的研究提供参考。

同时，学校还曾对2000多份家长的评课问卷进行了统计和分析，发现对"练评讲"课堂认同的家长占97%以上。其中大多数家长听课有一个显著特点——关注点高度集中在学生的表现和内心感受上。

"受邀听课后，我会知道自己小孩在学习小组中的位置，他擅长的学科我就鼓励他做好，他欠缺的科目，我就和教师一起研究如何加强。"该校一名家长认为通过针对性教学，会帮助孩子解决偏科问题。

疫情防控期间，因为网络的缘故，家长"进课堂"变得更容易了。只要是家长有空，就能通过电脑、手机等媒介，立刻了解当堂课学生学习情况。

"我带毕业班，现在上网课很注重分板块教学，突出几天或者是一周内要实现哪些学习效果。"该校副校长刘兰芳教初三语文，她现在通过QQ、微信群等先进的信息技术手段，提前给毕业班6个小组提供前置练习，也让家长清楚了解中考冲刺进度情况。

附：校长访谈

"练评讲"是教学理念的新实践

龙海平

映月中学现在每个班都分成六七个助教小组，每个小组都通过自愿申报、竞选，选出一名助教组长、若干名学科助教成员。

有了助教岗位，给天资聪慧的拔尖学生创造了"天高任鸟飞"的广阔天地。这些助教在课堂上发言评讲，他们能胸有成竹地讲述重难点，让外校参观的教师错以为是新进教师。

而对于后进生，映月中学的教师都会主动鼓励他们提问，将其表现作为小组考核的关键指标，促使助教小组成为互帮互助、共建共享的学习共同体。

我这样理解，通过"练评讲"教学法，在有趣好玩的参与状态中，学生从"要我学"变为"我要学"，学生主动求知，运用所知所学破解问题、提升能力。它也鼓励教师运用面向人人的教育理念，让每个孩子都成为更好的自己。

当然"练评讲"教学法不是单纯地提升智力，它更注重"五育并举"。现在映月中学的社团活动基本上都是学生助教"挑大梁"，特别是寒暑假期间，学生会根据兴趣爱好组成各种社会实践小组。

而且映月中学的"练评讲"教学法还会坚持德育为先，孕育出"分组助教管理"德育模式，比如学校的学生助教会成为班会导演和主演，从主题设计到具体操作都由他们来运作，节目丰富多彩。

我个人理解，学习是一项实践性活动，也是一段心路历程。所以教学评价既要关注学生的学习状况，又要关心学生的内心感受，"练评讲"教学法将顺着这个方向研究，让每个学生都体验到来自教师和同学的关注与重视。

当然，"一花独放不是春，百花齐放春满园"，现在我们和各地兄弟学校结成跨区域教育研究联盟，我们的"练评讲"教学法已在福建、湖南、江西等地生根开花，希望能帮助更多学校打造更优质的教学方法。

（本文来自2020年4月3日《南方日报》，记者尹辅华）

映月中学："练评讲"教育助孩子健康成长

一个课题撬动一间学校变革，一种理念引领师生成长

——题记

根据佛山学生返校安排，5月11日起，高一、高二年级，初一、初二年级安排学生返校。在映月中学，学生也已全部返校，步入正常的学习轨道当中。

映月中学一直以来推行"练评讲"教育模式，助力孩子健康成长。

办学条件优良，校园环境优美

步入美丽的校园，琅琅的读书声传来。往前走，一栋洁白而方正的教务大楼映入眼帘，教务大楼的中央是师生们最为熟悉的学校校徽。穿过大楼发现，教务大楼和其后的两座教学大楼连成一体呈"田"字分布。

映月中学坐落于桂城"广佛城市新标杆片区"——映月新城片区西部，是全国课改名校、广东省一级学校，原名平洲三中。2017年改造后，新增了学生住宿公寓、综合性体育场馆、各种功能室、高标准实验室等，其中可提供700座席的多媒体演播厅是目前南海区初中里最大的多媒体演播室，可用于举办各种大型教研活动、学术报告展示等。

映月中学学校教学楼、行政楼、实验楼为连廊一体结构，布局合理，四通八达。课室配备交互式平台一体机、视频实物展台等多媒体电教设备，并安装两台柜式空调。硬件设施全面升级，为学生创造了更加优质的学习环境。

目前在校学生1776人，教师140人，教师队伍师资雄厚。其中有硕士研究生18人，高级教师11人，正高级教师1人。校长龙海平是"全国名优校长"、"全国特色教育先进工作者"、中学政治正高级教师、广东省人民政府督学、南海区名校长工作室主持人；教导处副主任姚兵是南海区教育局兼职教研员，桂城

街道名师工作室主持人。

推广"练评讲"教学模式让薄弱学校弯道超车

2019年11月，映月中学举办第二届"练评讲教育范式的发展研究"教育研讨会活动，现场来自全国各地的教育专家齐聚一堂，围绕"练评讲"教育范式研究课题进行讨论。

这是映月中学的一大特色。映月中学一直以来推行"一个课题撬动一间学校变革，一种理念引领师生成长"的教育方式，其中一个课题就是"练评讲"教育范式研究课题，其中，"一种理念"指的是"练评讲"教育的办学理念。

据介绍，"练评讲"教育范式研究课题始于2005年，至今已有15年探索历程。映月中学从2012年与"练评讲"教育范式研究结缘，短短几年就成为全国课改名校。这种快速成长机制，吸引了全国17个省份的4万多人次教育同行来学习和考察，师生在"被学习"的环境中实现自我超越。

与此同时，学校500多人次教师受邀到全国各地上示范课，师生参加各级各类竞赛活动硕果累累，学校教育教学质量实现弯道超车，中考重点中学上线率连年攀升。

家校合作让家长走进孩子们的课堂

龙海平介绍，映月中学依据"博观约取，厚积薄发"的校训，学校建构了"博观"课程体系，将国家、地方、学校三级课程内容整合成为一个以国家课程为主体，以地方课程、校本课程为两翼的育人系统。两翼齐飞，带动主体腾跃，让映月学子拥有知行合一、善学博思、健康阳光、优雅大气的特质，成为具有公民风范、领袖气质、学者风度的时代新人。

其中，让家长走进学生课堂、体验学生生活是映月中学十分看重的家校教育举措。"家长听评课"是映月中学最负盛名的特色课程。每个学期，学校都要邀请家长走进孩子们的课堂，听课评课。家长可以在这些功能各异的课室里，更加全面、客观地感受学生课堂状况。至今，八年的坚持，家校合作已经形成一种新的习惯。

此外，咏春拳课程是落实省市武术进校园工作的重要举措。如今学校已经成为佛山市"武术进校园示范学校"，全校学生人人会打咏春拳，全校每天体育大课间咏春拳展演成为一道美丽的风景。学校的"千人咏春拳"展演节目更是多次在市区的大型体育比赛中亮相，引起社会较大反响。

近年来，随着学校办学质量不断提高，学校大量引进优秀教师，教师队伍呈现出高学历、年轻化的新特点，骨干教师等在各级专业能力大赛中屡创佳绩。

（本文来自2020年5月20日《珠江时报》，记者方婷，通讯员邓付生）

映月中学：全国课改名校争当映月新城教育"领头羊"

在桂城"两河一轴一带一片区"城市发展格局中，"一片区"——平湖映月片区，将是桂城未来十年城市发展的重要战略区域。在这个创新要素不断汇聚、服务水平趋向高端的新区域，有一所全国课改名校要成为"高端品质教育社区"的龙头学校。她，就是映月中学。

2016年，映月中学成为首批政府"双翼"驱动工程项目学校，获得1.3亿元的资金，2017年完成校园改建扩建工程，成为设施设备高端配置的现代化学校。接下来，学校又有了新的目标——做映月新城教育的"领头羊"。映月中学校长龙海平给出了自己的思考：当下的映月中学，要构建现代学校治理新机制，引领"高端品质教育社区"内的中小学协同发展。

"练评讲"教育范式全国多所学校来"取经"

教学改革撬动学校变革，先进理念引领师生成长。近年来，映月中学正是凭借"练评讲"教育改革实现弯道超车，成为全国课改名校。2019年11月28日至30日，映月中学举办第二届"练评讲教育范式的发展研究"教育研讨会，来自全国各地的教育专家、教学名师600多人参加了此次研讨会。华南师范大学教育信息技术学院副院长、博士生导师谢幼如教授称赞"练评讲"是中国本土特色的"翻转课堂"。据悉，"练评讲"教育改革项目获得广东省中小学教育创新奖、广东省普教成果奖等多项殊荣。

"练评讲"教育范式研究课题始于2005年，至今已有15年的探索历程。自从2012年与"练评讲"教育范式研究结缘后，这种快速成长机制，吸引了全国17个省份4万多人次的教育同行来学习和考察，惠及400多所学校20多万师生。映月中学有500多人次教师受邀到全国各地上示范课。师生在"被学习"的氛围中跨越式成长，参加各级各类竞赛活动硕果累累，学校中考重点中学上线率连年攀升，全浩朝、周悦韵、郝世鹏、符欣等一批批优秀毕业生一路成长为重点高中、名牌大学的佼佼者。

校长龙海平是"练评讲"教育范式的创建人、践行者，他提出的办学理念就是"让学生走在教师的前面，做最好的自己；让教师走在校长的前面，做教育的先锋；让家长走进孩子的课堂，做教改的推手"。

在参加广东省人民政府督学培训中，龙海平对现代学校治理体系进行了深入的了解，并内化为学校的发展动力。在保证国家基础课程实施前提下，该校开展差异化课程建设，开发了"人人研咏春"、"阳光足球"、健美舞蹈等校本课程，整合出了一个以国家课程为主体，以地方课程、校本课程为两翼的育人系统。校本选修课造就了学生的个性发展，学校田径队2015年代表佛山参加第十四届省运会荣获学校体育乙组总分第一名；舞蹈队参加2019年第八届全国全民健身操舞大赛荣获广东省团体一等奖；女子足球队参加2019年广东省"省长杯"青少年足球锦标赛荣获第八名。

引进优秀青年教师开创多方共育新途径

目前，映月新城正在打造成广佛高质量融合发展的创新城区，地域上，南海新交通让广佛的距离缩得更短，而区域交通改善，带来的是人的聚集，而且使越来越多的高素质人才入住映月新城。高素质人才子女就读问题及对于教育品质的追求，对这一片区的学校提出了更高的要求。

对于这一点，映月中学已经未雨绸缪。学校大量引进优秀青年教师，教师队伍呈现出高学历、年轻化的新特点。校长龙海平是"全国名优校长"、"全国特色教育先进工作者"、中学政治正高级教师。刘兰芳、欧阳艳冰、黄俭红、姚兵等一批教师均为南海区名师；黄丽华、肖伟、吴奶珠等一批青年教师在各级专业能力大赛中崭露头角，屡创佳绩。

仅仅是2019年一年间，映月中学教师参加省、市、区各级各类教师教育教学技能比赛多达248人次获奖，其中吴奶珠教师参加第二届广东省中小学青年教师教学能力大赛中学生物学比赛荣获广东省第五名、佛山市第一名；黄丽华教师的课题"初中物理'自主合作式概念教学'的策略研究"荣获广东省教育教学成果一等奖；郭润萍、肖伟教师主持的"'练评讲'教育模式应用研究"获得佛山市教学成果一等奖；李横教师荣获2019第八届全国全民健身操舞大赛广东省"优秀教练员"称号；黄良斌教师荣获广东省青少年校园足球比赛"优秀校园足球裁判员"称号。

学校还将义务教育学校管理标准中强调的"家长社区"的概念引入，开展"家长进课堂听评课""学生义工进社区结对帮扶"等活动，开创了家、校、社共育新途径。中学科学院心理研究所博士后黄臻实地调研后称赞，"家长听评课"深度调动了孩子第一教育者（家长）的力量。

"我们学校有三分之一的学生家长长期在广州工作，在没到学校来之前，他们心中对学校的办学会有一些疑问。"龙海平坦言。当家长们来到孩子的课堂，参与映月中学的校园活动后，许多家长真切地赞叹，"广佛同城，我就选择映月中学！"

与社区共享教育资源，展现龙头学校担当

"办现代学校、未来学校，要与地方经济发展相适应；创办一所富有特色的品牌学校，则要做到资源共享，在片区各校中发挥龙头学校的示范引领作用。"龙海平表示。在桂城"一校一品"特色教育格局下，映月中学凭借智慧校园、教学创新、校本课程、心理教育等优势项目，特色凸显，与此同时，学校还致力于将优质资源和经验传递给片区内其他中小学及社区青少年，做到"授人以鱼并授人以渔"。

多年来，映月中学在桂城教育局的支持下，坚持在周末无偿向社区青少年提供校本课程、场地和师资，开展足球、田径、篮球、美术、音乐、武术、舞蹈等项目培训和辅导活动，并开展示范点建设，学校成为全国青少年足球示范学校、广东省体育特色学校、广东省体育传统项目（田径）学校、佛山市武术进校园示范学校。

除此之外，该校还将心理健康教育常态化，并定期辐射片区。学校共有心理专职教师3人，心理A证教师6人，并开通各种类型的心理辅导渠道，在学生居家学习和返校后，用无微不至的关爱及科学的辅导保证他们的心理健康，并改善亲子关系。

　　值得一提的是，针对学生返校后情绪波动较大且羞于求助教师的情况，学校在各班成立朋辈心理互助小组，让同伴之间心理互助，互相关爱，及时了解组内同学的情绪行为变化，与班主任及心理教师保持沟通。

　　　　　　　　　　　（本文来自2020年6月1日《珠江时报》，记者罗炽娴）

龙海平：奋斗者最美，让老牌名校焕新采

龙海平接棒映月中学后，提出"练评讲"教育，打造"以学生为中心"的现代课堂，在短短数年快速崛起；在桂江二中迎来20周年之际，龙海平执棒让老牌名校焕发新活力，重塑学校"尚美教育"办学理念，鼓励师生以奋斗者为标杆，为实现中华民族伟大复兴而奋斗。

站在新时代的起点，作为广东省中小学名校长工作室主持人，龙海平更以"奋斗者工作室"建设为切入点，以"奋斗者最美"为价值追求，找到更多学校"个性化"发展路径，为教育发展贡献力量。

重塑教学理念，提出"尚美教育"

时隔20年，龙海平于2020年重回桂江二中校园，这对学校和他本人而言都极具意义。1999年，龙海平调到桂江中学任教，2000年任桂江中学副校长分管新校区（今天的桂江二中校园）教学工作，2001年9月桂江二中建校，可以说他是该校最早的一批教师。20年后，他重回桂江二中校园，怀揣着不变的育人初心，却肩负着更重要的使命。

经过20年的沉淀，学校需要在原有优良传统的基础上进行变革与创新，龙海平一上任，就对学校思想理念、育人目标、办学特色等进行集思广益，让学校的办学思想更贴合新时代发展的需求，培育更多新时代人才。

"幸福源自奋斗、成功在于奉献、平凡造就伟大，奋斗的人生最幸福，奋斗的姿态最美丽。这不仅是我们这个时代的主旋律，更是每一位师生都有共鸣并为之努力的目标。"龙海平说道。

去年以来，桂江二中秉承"让每个孩子美好成长"的办学理念，以"尚美教育"为办学特色，强调多元化育人，打造"尚美校园"。通过实施美校园、美课堂、美品行、美才能工程，引导学生发现美、感知美、传扬美、创造美，

以奋斗者的责任和担当，去创造美好的未来，以奋斗者为标杆，引导师生为实现中华民族伟大复兴而奋斗。

推崇奋斗精神，让学生看见自己的成长

"不分师生，在校的每一位都需要奋斗。"刚回到桂江二中，龙海平抓的第一件事就是要激发全体教师的热情，让老校的教职工焕发新的活力，特别是要克服当班主任、带毕业班的畏难情绪。"教师是学生学习的榜样，必须要有奋斗的姿态。"

走进桂江二中的校园，各大"光荣榜"随处可见，"首届园丁奖""教坛新秀风采""最美教师风采展""最美班主任风采展"等图文并茂，展现着教师们的奋斗格言、工作成效等，这样直观的方式，激励引领着全体教职工以先进为榜样，争先创优、追梦奔跑。

在教学改革方面，龙海平通过"美课堂"建立了"发展性的差异化评价机制"，即以促进师生"全面而有个性"发展为目标，以差异化为特征的教育教学评价机制。例如，学校每年都会评定"星级学生"，学生可对照自己在品格、德行、科技、体育、艺术等方面的成绩与进步申报，只要进步了都可以获得嘉奖。"我们尊重学生的个性化发展，让学生看见自己的成长。"龙海平说。

做好示范引领，帮扶粤西粤东学校共同进步

"尚美教育"在实践中得到了肯定，在桂江二中全体师生的努力下，全校618名学生参加2021年中考，480名学生被普高录取，普高录取率达到77.7%，成为桂城街道公办初中的普高录取率最高的学校。

2021年，龙海平被评为"广东省中小学名校长工作室主持人"，主要任务是示范引领，最重要的工作是要帮助粤西、粤东的学校进行价值选择，明确学校的价值导向。"我将和成员学校的各位校长一道，以'奋斗者工作室'建设为切入点，以'奋斗者最美'为价值追求，找到各成员校个性化发展路径，为教育发展贡献力量。"龙海平说道。

（本文来自2021年9月14日《珠江时报》，记者曾蓉）

桂江二中：打造"尚美教育"品牌，为学生美好人生奠基

近日，桂江二中2021届毕业生雷旸同学入选广东省"英才计划"2022数学培养对象，全省仅12人，南海唯一！

雷旸是桂江二中2021届毕业生、现就读于南海中学2024届高一级。对于母校的栽培，他十分感激，在桂江二中就读期间，正是学校、教师的关怀和帮助，让他发挥出数学学科优势，补强短板，顺利考上南海中学。

近年来，桂江二中根据学校发展实际，确立"让每一个孩子美好成长"的办学理念，构建"尚美教育，以奋斗者为美"的办学思想体系，实施差异化发展性评价改革，充分考虑学生的不同特点，尊重个体差异，为每个学生制定个体化的发展目标，并鼓励学生为实现目标而奋斗，成果显著。

因材施评：为学生搭建美好成长阶梯

"在桂江二中就读时，教师对我的帮助很大，就像家人一样，对我关怀得无微不至，对我提出的问题总是不厌其烦地进行解决。在跟同学的相处中，我可以跟各学科学得比较好的同学进行讨论，自己也会得到提升。"雷旸回忆起初中生活时如是说。

让他印象尤为深刻的是，教师会在每一次大考后，根据学生学习情况，将他们分在不同小组，通过小组形式积极开展合作，为学生后面的学习打下了基础，培养了探究问题的能力。

雷旸初中班主任颜秀英教师回忆说："雷旸特别喜欢数学，其他学科常常被他'忽视'。我和几个教师商量，依据差异化发展性评价原理，动态地把他分到综合实力比较强的那个小组，让他和小组同学比综合实力，并针对他的情况给予他特别'关照'，就这样，他一步一步地实现了自我超越，最后考上了

自己心仪的高中。"

实际上，与雷旸同届的2021届毕业生都得到了教师的特别"关照"，618人参加中考，480人被普通高中录取，普高录取率达到77.7%，成为桂城街道公办学校普高录取率最高的一届学生。

桂江二中教导主任陈小红认为，成绩的背后，是差异化发展性评价改革发挥了重要作用。2020年10月，中共中央、国务院印发了《深化新时代教育评价改革总体方案》，并发出通知，要求各地区各部门结合实际认真贯彻落实。

桂江二中根据学校发展实际，实施差异化发展性评价改革，转变评价观念，聚焦新时代学校育人新体系建设。具体来说，就是尊重学生个体发展的独特性，正视学生的起点和发展过程中的各种问题，在正确判断学生发展潜力的基础上，为每个学生规划阶段性的发展目标，并鼓励学生一步一个阶梯地为实现目标而奋斗。

摘星创星：为学生全面而有个性发展赋能

立德树人是学校育人的根本任务，"五育并举"是学校育人的基本策略。桂江二中的差异化发展性评价改革，以课程思政为主线，按照德、智、体、美、劳等课程要求，从思想品德、学业水平、身心健康、艺术素质、社会实践等方面，构建学生学习效果的跟踪和评价机制。克服功利化倾向，强化评价对促进学生全面发展的重要导向作用，设置"尊师守纪之星""学习上进之星""体健之星""艺美之星""劳动之星"等"星级学生"评选标准，每个"星"都设置必备条件、可选条件、否决条件。

学校鼓励学生对照条件申报、摘星。同时鼓励学生根据自身特长，主动申报个性化的奖项，即创星。具体评选流程是：期初，由学生对照条件自主申报；期中，由班级小组对照标准互评，让学生查缺补漏；期末，由班主任领头，科任教师代表、学生代表参与组成评委会，评选出班级星级学生人选，然后提交年级组统筹审核，最后由学校德育处批准公示和表彰。

这种自主申报的摘星、创星行动，一改过去的学生被动接受评价的做法，充分尊重学生发展的差异性，鼓励学生渐进式地摘星、创星。这种鼓励每个学生在原有基础上争取每一点进步的做法，符合青少年成长认知规律和成长的实际需要，深受学生的欢迎。

桂江二中副校长张丽姗介绍，学生摘星、创星行动可以说是学生主动成长状态的晴雨表，对于信心不足的学生，学校会安排教师一对一地跟进辅导。辅导教师常常首先要学会走进孩子的内心世界，了解孩子的成长背景和人际交往状况，然后才能有的放矢地制定辅导方案，精准施策，帮助孩子树立自信心，学会迎难而上。

初一年级的陈同学深有体会："我从小身体不是很好，不敢申报'体健之星'，体育教师帮助我制订了一个学期的运动计划，我爸爸妈妈也支持我，我的好朋友每天都陪我在体育场跑两圈。一个学期下来，我终于战胜了自己，拿到了'体健之星'。下学期我准备继续努力，争取多报几个星。"

价值引领：为学生奠定美好人生底色

"评价是育人的杠杆，差异化评价是育人的支点。学生的发展是有差异的，每个人的发展'支点'各不同。只有'支点'找准确了，才能发挥出杠杆的省力作用，收到事半功倍的育人效果。"桂江二中校长龙海平认为，要"让每一个孩子美好成长"，成为"德才兼备的时代新人"，必须改变过去那种"只见分数不见人"的做法，确立以学生发展为本的评价目标，采取面向全体、深入个体、精准施评的策略，为每个孩子搭建成长阶梯。

2021年桂江二中代表队在桂城街道中小学足球联赛中男队荣获冠军、女队获得殿军的好成绩。

在掌握学生现有水平，包括思想品德、学业水平、身体心理、兴趣爱好等的基础上，桂江二中主张运用测评工具帮助学生找到"最近发展区"，按照"发展区间"相近原则进行动态分组，把学生放到相应的学习小组里面去，明确每一成员的阶段目标。学科教师针对小组情况实施"关爱行动"，一人一策，形成学情述评机制。通过一系列的关心和照顾策略，激发学生的内动力，让学生以奋斗者的姿态为理想而奋斗。

"以奋斗者为美"，正是桂江二中尚美教育的核心价值，也是贯穿差异化发展性评价改革的一条主线。

"我们用'奋斗最美'对尚美教育的意义进行诠释，明确告诉学生，人生的意义在于奋斗。通过开展党史进校园、进课堂、进心灵等系列活动，引导学生传承中国共产党百年奋斗精神，以奋斗者为榜样，坚定理想和信念，做好生涯规划，为实现中华民族伟大复兴而奋斗。"桂江二中团委书记曾飞龙说。

桂江二中校长龙海平表示，差异化发展性评价改革是全面贯彻党的教育方针，促进学校高质量发展的新举措，新探索。"学校将牢记为党育人，为国育才的使命，助力每一个孩子实现美好成长，成为最美的奋斗者！"

（本文来自2022年1月27日《珠江时报》，记者罗炽娴）

尚美教育：省级名校长、名师加持，桂城这所初中扩建后软硬升级，处处皆"尚美"

在美丽的千灯湖畔、桂城街道南一路旁，绿荫葱葱、环境优美的桂江二中静静地矗立在此。

学校现有41个教学班，在校学生1958人，占地面积35，400平方米，建筑面积22，000平方米，图书馆、实验室、舞蹈室、足球场等硬件设施完善。

2021年，桂江二中扩建工程启动，项目总投资1.95亿元，将新增1000个学位，新增综合教学楼、可容纳800人的报告厅、3000人用餐的饭堂、地下停车场，以及更高标准配置的创客室、动漫室、书法室、理化生综合实验室、体育馆、运动场等各类功能场室，新增面积达16，407平方米，令园林式时尚校园令人期待。

从2001年开办至今，一届又一届的"尚美少年"从桂江二中出发，迈步向前，走向"诗和远方"。

一流名师云集

桂江二中现有专任教师161人，其中正高级教师2人，特级教师1人，高级教师38人，研究生学历16人。

作为学校教师团队的领航者，校长龙海平便是一位正高级教师。龙海平还是"全国名优校长"、"全国特色教育先进工作者"、广东省人民政府督学。在新发布的（2021-2023年）广东省中小学名校长工作室名单中，南海有3名校长获选名校长工作室主持人，其中之一就是龙海平，他还是佛山市"省级基础教育领军人才"工作室、南海区中小学名校长工作室的主持人。

今年年初，龙海平3个工作室揭牌成立。工作室以桂江二中为基地学校，示范引领佛山本地和云浮、韶关等15所成员学校发展。

学校的另一位正高级教师苏乔花是广东省南粤优秀教师、广东省特级教师，全国信息技术创新与实践活动优秀指导教师、广东省中小学电脑制作活动优秀指导教师，拿下了学科荣誉的"大满贯"。苏乔花亦是全省动漫教育的领军人物。

此外，学校还有佛山市优秀青年教师、南海区化学学科名教师、南海区物理学科名教师、南海区地理学科名教师、南海区音乐学科中心教研组骨干、桂城街道音乐骨干教师……多个学科的一流师资齐聚桂江二中，学校教学实力毋庸置疑，教学质量有目共睹。

去年中考，全校618名学生参加，480名学生被普高录取，名列南海区前茅。

近年来，首届全国中学生网络安全竞赛全国30强的邓锦森、获南海区器乐比赛金奖的陈芊羽、广佛篮球圈名噪一时的"佛山易建联"麦子键、南海唯一入选广东省"英才计划"2022数学培养对象的雷旸、2018年佛山中考高分考生李佳惠等优秀学生显示了在一流名师的悉心栽培下，桂江二中星光熠熠。

尊重学生个性化发展

在学校初三行政主管、教研处主任陈小红看来，去年中考取得优秀成绩的背后，差异化发展性评价改革是关键。

去年，学校实施差异化发展性评价改革，改变了过去"只看分数"的做法，尊重学生的个性化发展，为每个学生制定个体化的发展目标。

今年年初，桂江二中2021届毕业生雷旸入选广东省"英才计划"2022数学培养对象，对于母校的栽培，他十分感激。在桂江二中就读期间，雷旸特别喜欢数学，而其他学科常常被他"忽视"，于是，教师依据差异化发展性评价原理，动态地将他分到综合实力比较强的小组，让其既能发挥优势，又能补强短板，一步步实现自我超越。

课堂上，学校创建"问题情境美、教学方法美、师生共情美、总结反思美"的"四美"课堂结构，强化学科素养培育，让学科教育不再是育分，不只是育知识，更要育人。教师通过课堂上的"精讲、善导、巧练"，关注学生的自主学习能力，提升学生的高阶思维能力，增加学生的自主学习时间，培养学生的共情能力。

与评价改革、课堂改革走出"只看分数"的误区一样，学校走出"比赛拿奖""功利至上"的认识误区，转向促进学生"自主发展""个性发展""全面发展"，创建了"五定"课程新体系，利用每天下午的课后服务时间，先后开设足球、田径、舞蹈、合唱、脸谱制作、武术、动漫、剪纸、烹饪、新闻采访、社交礼仪等30多门非学科类"美彩课程"，帮助学生发现天赋，发展特长。

如今，学校的动漫、脸谱、足球等特色课程成绩斐然、遍地开花。动漫自不必说，学科带头人苏乔花在辅导学生电脑制作竞赛的20多年里，先后获得国家级、省级、市级、区级奖项共计1238个。

由学校美术科组开设的脸谱特色教学，以多元化的创意形式展现，让学生从中发现和感受传统戏曲脸谱之美。学校也因此获评"佛山市第四批优秀传统文化艺术传承学校"，成为南海区5所（桂城街道占3所）获评学校之一。

以奋斗者为美

与学校橙白相间、典雅淳静的外表不同，桂江二中有颗奋斗不止的心。

桂江二中秉承"让每个孩子美好成长"的办学理念，以"尚美教育"为办学特色，强调多元化育人，打造"尚美校园"。

"尚美教育里面最大的一个亮点，就是价值取向清晰——以奋斗者为美。要将学生培养成为奋斗者，教师必须不满于现状持续奋斗。"龙海平表示，学校致力于打造一支既能教书育人，又有思想高度、技术精度和奋斗热情的教师队伍。

奋斗者是什么样子的？

"信息技术更新换代特别快，我必须吃透课堂所涉及的软件、技术，跑在学生的前头。"在苏乔花看来，是自己不断学习、终身学习；是带领学生从零开始，经过千锤百炼、精雕细琢，最终制作出好作品的进取过程。

"我要以身作则，自己要先做得到，才能引领年级的教师和学生。"在陈小红看来，是每年都要更进一步；是让学生在鼓励与关怀中"亲其师，信其道"，点亮学生的闪光点，让其不断成长为懂得感恩的好少年。

"最美教师风采展""最美班主任风采展""星级学生""班级十大感动人物"，走进桂江二中的校园，各大"光荣榜"随处可见，学校从上到下达成一种"以奋斗者为美"的理念。

如今,桂江二中校园环境也正在如火如荼地"奋斗"着,在不久的将来,扩建完成后的桂江二中将迈着奋斗不止的脚步,为更多学子打开一扇全面而个性发展的大门,"让每一个孩子美好成长",成为"德才兼备的时代新人"。

(本文来自2022年4月22日《珠江时报》,记者刘杭,通讯员邓付生)

尚美教育：桂江二中2022届拔尖学子诠释"奋斗者之美"！

七月，对初三学子而言，是收获的季节。7月16日，2022年佛山市高中阶段学校招生第一批录取控制分数线及学校录取标准公布，桂江二中有不少学子将如愿进入心仪的学校。

回顾初中三年，他们提到最多的关键词是"奋斗""感恩"。"感谢培养我的母校，还有教师、父母、同学！""感谢经历挫折时没有放弃的我自己。"他们用自己的故事，深刻诠释了"奋斗者最美"的真谛。

优异成绩背后，是家校撑起的坚强后盾

"在桂江二中的三年，是我人生中最有意义的三年。我学会了用奋斗书写人生价值，获得了丰富的精神养料，懂得了人生道理。"桂江二中初三学子李贝而在这次中考取得了优异成绩，而她认为，在桂城二中这三年的学习经历对她而言，比一个漂亮的成绩更有意义。

升入初三时，她也曾面临成绩下滑的压力。为此，她制订了详细的学习计划，将重心放在自己相对不擅长的理科方面，不断地告诫自己要严谨，将会做的题都做对。她将错题看了一遍又一遍，直到全部弄懂。到了中考，扎实的基础和严谨的态度，让她最终有所成就。

"回首三年，有无数次清晨，面朝清风与日出，书写诵读。有无数次浓夜，以灯做光，以笔作杖，以书作路，白墙上晕染着的是垂下的面庞和颤动的笔杆。"学子张子怡认为，除了感谢努力的自己，还要感谢自己的无数坚实后盾："不能忘却的是妈妈夜晚送到手边的热汤，是被教师搂住的肩头，是好友的一句句鼓励。每一道光都在远方，跌跌撞撞，向着光亮那方。"

学子王芸芸则回忆起和同学们一起学习、一起生活的时光。在夜晚教室的奋

笔疾书，在宿舍阳台的琅琅书声，在操场跑道的肆意奔跑，这一切构成了一个团结的大集体。因为有同学们的陪伴，她才能在枯燥乏味的生活中寻找到乐趣。

师生以奋斗为荣，共同探索学科之美

优异的成绩与努力学习是分不开的，而对于这些"学霸"来说，找对适合自己的方法，能让奋斗之路变得更为顺畅。学子黄世宇分享了自己最拿手的数学科目的学习心得："我认为应该多花一些时间和功夫，培养自己对该科目的兴趣，感受数学的美与精彩，发现解决数学问题的乐趣，做到一题多解。做到这些，我相信数学成绩一定不差。"

"坚信自己，实事求是，细心稳重，有的放矢。"这是学子黎晓晴在不断遭受挫折中摸索出的"十六字真言"。初一初二时，她凭借兴趣，毫无章法地学习；初三时，她意识到了问题的严重性，沉下心来，回归到课本与实际学习中，耐下性子听教师讲课，最终收获的是踏踏实实的知识和成果。

"历史达人"张睿涵则为大家分享了这一学科的学习方法。"在学习历史的过程中，我逐渐喜欢上中国以及世界历史，如饥似渴地看课外书籍和相关视频，我拓宽了自己的视野，在收获成绩的同时，也收获了知识的营养。"

在桂江二中，不仅学生是"奋斗者"，教师也都以奋斗为荣。学子黄千殷回忆起在教师们的"求学摊位"前排队的经历："大家都很好学，课间休息时教师们的'摊位'总是生意兴隆，要抢位才能问到想问的问题。教师们都不计较个人得失，加班加点给我们授课。在他们的倾囊相授下，我的学习态度日趋正向，学习成绩稳步提升。"

（本文来自2022年7月17日《珠江时报》，记者罗炽娴）